Schritte plus Neu 3+4 Niveau A2

Deutsch als Zweitsprache
Materialien für berufsbildende Schulen

Ulrike Beutel
Elke Koch
Sabine Schlüter
Reiner Thie
Andreas Tomaszewski
Anne Wichmann

unter Mitarbeit von
Veronika Kirschstein

Hueber Verlag

Der Verlag dankt den vielen Fachleuten und Praktikern aus dem Umfeld berufsintegrativer Klassen für ihre zahlreichen Hinweise, ohne die diese Publikation nicht möglich gewesen wäre.

Das Werk und seine Teile sind urheberrechtlich geschützt.
Jede Verwertung in anderen als den gesetzlich zugelassenen Fällen
bedarf deshalb der vorherigen schriftlichen Einwilligung des Verlags.

Hinweis zu § 52a UrhG: Weder das Werk noch seine Teile dürfen
ohne eine solche Einwilligung überspielt, gespeichert und in ein
Netzwerk eingespielt werden. Dies gilt auch für Intranets von Firmen,
Schulen und sonstigen Bildungseinrichtungen.

Eingetragene Warenzeichen oder Marken sind Eigentum des
jeweiligen Zeichen- bzw. Markeninhabers, auch dann, wenn diese
nicht gekennzeichnet sind. Es ist jedoch zu beachten, dass weder das
Vorhandensein noch das Fehlen derartiger Kennzeichnungen die
Rechtslage hinsichtlich dieser gewerblichen Schutzrechte berührt.

3.	2.	1.			Die letzten Ziffern
2021	20	19	18	17	bezeichnen Zahl und Jahr des Druckes.

Alle Drucke dieser Auflage können, da unverändert,
nebeneinander benutzt werden.
1. Auflage
© 2017 Hueber Verlag GmbH & Co. KG, München, Deutschland
Umschlaggestaltung: Sieveking · Agentur für Kommunikation, München
Zeichnungen: Jörg Saupe, Düsseldorf
Layout und Satz: Langbein Wullenkord, München
Verlagsredaktion: Andreas Tomaszewski, Hueber Verlag, München
Druck und Bindung: Kessler Druck + Medien GmbH & Co. KG, Bobingen
Printed in Germany
ISBN 978–3–19–291083–8

Schritte PLUS NEU Materialien für berufsbildende Schulen
Inhalt

Vorwort 4

Schritte plus Neu 3

Lektion 1	Meine Familie – meine Zukunft	5
	Echte Freunde?	7
Lektion 2	Richtig heizen	9
	Energie sparen	11
	Konflikte im Alltag	13
Lektion 3	Die Ernährungspyramide	15
	Rechnen 4: Prozentrechnen und Dreisatz	17
Lektion 4	Berufsgruppen und Branchen	19
	Informationen über eine Ausbildung – Teil 1	21
	Projekt: Betriebsbesichtigung	23
Lektion 5	Fußball gegen Gewalt	25
	Sucht und Suchtprävention	27
Lektion 6	Die beliebtesten Ausbildungsberufe	29
	Informationen über eine Ausbildung – Teil 2	31
	Duales System und Berufsfachschulen	33
	Schulfächer	35
	Auf der Ausbildungsmesse	37
	Erfolg beim Vorstellungsgespräch	39
Lektion 7	Ehrenamt	43

Schritte plus Neu 4

Lektion 8	Sich im Internet informieren: Freizeitangebote	45
	Junge Volkshochschule	47
	Anlaufstelle Jugendzentrum	49
Lektion 9	Exportnation Deutschland	51
Lektion 10	Berufe in der Informations- und Telekommunikationsbranche	53
	Berufsbilder: Computer und Kommunikationstechnik	55
Lektion 11	Automobilindustrie – Schlüsselindustrie	57
	Verkehrs- und Logistikberufe	59
Lektion 12	Geografie: Eine Landkarte verstehen	61
	Klimakarten	63
Lektion 13	Geld und Konsum	65
	Finanzielle Hilfen für die Ausbildung	69
	Versicherungen für Berufsanfänger	71
	Rechnen 5: Bruchrechnen	73
Lektion 14	Jung hilft Alt	75

Anhang

Übersicht: Aufgaben in Schritte plus Neu zu den
Lernbereichen und Lernzielen für berufsbildende Schulen 77
Lösungen 83

Schritte PLUS NEU Materialien für berufsbildende Schulen
Vorwort

Schritte plus Neu 3 + 4 – Materialien für berufsbildende Schulen enthält als Ergänzung zu dem Lehrwerk *Schritte plus Neu* Arbeitsblätter (Kopiervorlagen) zu den Lernbereichen und Themen der gängigen Curricula und Lernzielbeschreibungen für Berufsintegrationsklassen in den einzelnen Bundesländern an Berufsschulen, berufsbildenden Schulen und weiteren Schularten, in denen entsprechende Klassen eingerichtet sind.

In Verbindung mit *Schritte plus Neu 1 + 2 – Materialien für berufsbildende Schulen* und dem Lehrwerk *Schritte plus Neu* werden alle relevanten Themen für diese Klassen abgedeckt.

Die Kopiervorlagen sind den Bänden 1 bis 4 des Lehrwerks *Schritte plus Neu* zugeordnet: Sie passen sowohl inhaltlich (Lektionsthema) als auch sprachlich (Wortschatz und Grammatik) zu der jeweiligen Lektion.

Aufgrund der vorgegebenen Themen und Lernziele ist es nicht zu vermeiden, dass einzelne Texte und Aufgaben über das jeweilige Sprachniveau hinausgehen. In diesem Fall – oder wenn Sie einzelne Kopiervorlagen aus späteren Lektionen vorziehen – empfehlen wir zusätzliche sprachliche Hilfestellungen, um die Schülerinnen und Schüler nicht zu überfordern.

Kommunikative Lehrwerke machen die Lernenden mit den sprachlichen Situationen vertraut, denen sie im Alltag begegnen. Daher enthält *Schritte plus Neu* bereits einen großen Teil der in den Curricula genannten Lernbereiche und Themen. Darüber hinaus sind die Abschnitte „Fokus Beruf" und „Fokus Alltag" in den Arbeitsbuchteilen speziell auf das Leben in Deutschland ausgerichtet.

Im Anhang finden Sie eine Übersicht über die in *Schritte plus Neu 1–4* sowie die in den Kopiervorlagen enthaltenen Lernbereiche und Themen.

Die Schülerinnen und Schüler werden in den Kopiervorlagen mit „du" angesprochen. Wir haben uns dazu im Austausch mit Fachpraktikern entschlossen, da in den Kursen mehrheitlich geduzt wird, auch in Klassen mit älteren Schülerinnen und Schülern.

Die Autoren und der Verlag wünschen Ihnen viel Spaß und Erfolg mit diesen Materialien in Ihren Kursen.

Schritte PLUS NEU Materialien für berufsbildende Schulen

Meine Familie – meine Zukunft

**Band 3
Lektion 1**

1 Familienmodelle

a Schau die Fotos an. Was meinst du: Wer ist verheiratet? Wer lebt bei den Eltern? Wer lebt allein? Sprecht in der Klasse.

b Lies die Texte auf Seite 6. Wer sagt das? Tarek, Vetim, Magdalena oder Sabrina? Notiere die Namen.

1 _____ Vor der Hochzeit soll man zuerst zusammen wohnen.
2 _____ Ich erziehe mein Kind allein.
3 _____ Ich wohne noch bei meinen Eltern.
4 _____ Ich möchte eine große Familie haben.
5 _____ Nach der Hochzeit ist das Leben langweilig.
6 _____ Ich mache gerade eine Pause in meiner Ausbildung.
7 _____ Wir sind seit zwei Jahren ein Paar.
8 _____ Meine Eltern möchten mein Leben planen.
9 _____ Frauen sollen zu Hause bei den Kindern bleiben.
10 _____ Mit meinen Freunden habe ich viel Spaß.

Schritte PLUS NEU Materialien für berufsbildende Schulen

Meine Familie – meine Zukunft

Band 3
Lektion 1

A  Ich heiße Tarek und bin 25 Jahre alt. Ich habe eine Ausbildung als Maler gemacht und arbeite bei meinem Onkel in seiner Firma. Ich wohne zusammen mit meinen Eltern und Geschwistern. Ich habe mein eigenes Zimmer. Eigentlich ist alles sehr schön. Aber es gibt ein Problem. Meine Eltern sagen jeden Tag: „Tarek, du bist schon 25, willst du nicht bald heiraten?" Ich will aber nicht heiraten. Ich finde mein Leben so sehr angenehm. Abends und am Wochenende mache ich etwas mit Freunden. Wir haben immer viel Spaß. Und von meinem Geld kann ich mir schöne Sachen kaufen. Nein, heiraten will ich wirklich nicht. Dann ist das schöne Leben vorbei. Dann muss ich Geld für eine Familie verdienen. Ich muss abends bei meiner Frau sitzen und am Wochenende besuchen wir ihre Eltern oder meine Eltern. Total langweilig!

B  Ich heiße Vetim und das ist meine Frau Sana. Wir haben vor drei Monaten geheiratet und sind sehr glücklich. Sana ist jetzt schwanger, in sieben Monaten haben wir ein Baby. Also, ich möchte mindestens vier Kinder. Ich arbeite als Kellner in einem Restaurant. Später möchte ich mein eigenes Restaurant haben. Sana bleibt zu Hause bei den Kindern. Da gibt es genug Arbeit und ich finde, eine Frau soll lieber nicht arbeiten.

C  Ich bin Magdalena und das ist Anton, mein Sohn. Ja, was soll ich sagen, mein Leben ist natürlich nicht einfach. Ich bin erst 19 und schon Mutter. Nach der Schule habe ich eine Ausbildung als Kosmetikerin angefangen, aber im letzten Jahr bin ich schwanger geworden und habe erst einmal mit der Ausbildung aufgehört. Mein Freund war total sauer. Ich habe gesagt: „Okay, du willst kein Kind, aber ich möchte das Baby bekommen." Wir haben uns getrennt. Ich habe eine kleine Wohnung, hier lebe ich mit meinem Baby. Anton ist mein großes Glück, er ist total süß und lieb. In drei Monaten muss er in die Krippe gehen. Dann wiederhole ich das letzte Ausbildungsjahr. Das wird eine harte Zeit für uns beide. Aber ich muss ja einen Beruf haben und für Anton und mich Geld verdienen.

D  Ich bin Sabrina und das ist Sascha, mein Freund. Ich bin in der zehnten Klasse, bald mache ich die Mittlere Reife. Danach möchte ich Bürokauffrau werden. Sascha macht eine Ausbildung als Kfz-Mechatroniker. In einem Jahr ist er fertig. Wir haben uns vor zwei Jahren kennengelernt. Wir verbringen viel Zeit zusammen. Am Wochenende kommt er zu mir oder ich besuche ihn. Wir wohnen beide noch bei unserer Familie. Vielleicht suchen wir bald eine eigene Wohnung. Aber dann müssen wir selbst die Miete zahlen. Also muss Sascha zuerst eine Arbeitsstelle haben und Geld verdienen. Heiraten wollen wir nicht so schnell. Ich finde, zuerst soll man ausprobieren: Können wir jeden Tag zusammen leben? Das ist doch etwas anderes als Besuche am Wochenende.

2 Wie findet ihr das Leben und die Meinungen von Tarek, Vetim, Magdalena und Sabrina? Sprecht im Kurs.

Ich finde, Tarek hat recht. Nach der Hochzeit ist das Leben anstrengend.

Magdalena lebt allein mit einem Kind. Das finde ich ...

3 Wie lebst du? Wie möchtest du leben? Warum? Erzähle.

Schritte PLUS NEU — Materialien für berufsbildende Schulen
Echte Freunde?

Band 3 — Lektion 1

1 Schau das Foto an und lies die Überschrift. Was glaubst du: Um was geht es in dem Text? Kreuze an.

Ich war auf dem falschen Weg

☐ Manuel macht in der Schule viele Fehler.
☐ Manuel läuft oft in die falsche Richtung und findet den Weg nicht.
☐ Manuel war früher schlecht zu anderen Menschen.

2 Lies den Text und kreuze auf Seite 8 an: richtig oder falsch?

Zu Hause war ich das einzige Kind. Ich war der König und habe immer alles bekommen: Spiele, Schokolade, Geld.
Im Kindergarten und in der Schule habe ich mir dann alles genommen, wenn ich etwas wollte. Ich wollte immer der Starke sein.

5 Später bin ich mit meinen Freunden in Geschäfte gegangen und wir haben Zigaretten geklaut. Das fanden wir cool und stark. Oder wir haben in einem Park auf andere Jungen gewartet. Meistens haben wir nur gesagt „Gib her!", und schon hatten wir das neueste Smartphone oder ihr Geld. Wenn einer nicht wollte, haben wir ihn auch geschlagen. Eigentlich fand ich das nicht so gut. Aber ich dachte: Ich kann nicht Nein sagen. Dann denken
10 die anderen, ich bin nicht stark.
In unserer Clique gab es auch ein paar Mädchen. Natürlich wollte jeder Junge, dass die Mädchen ihn am coolsten finden. Mir hat Anna am besten gefallen. Ich dachte: Wenn ich ihr was Tolles schenke, wird sie vielleicht meine Freundin. Also habe ich ihr gesagt, dass ich ihr das allerneueste Smartphone schenke. Natürlich hatte ich kein Geld. Ich bin in einen Laden
15 gegangen und wollte ein Smartphone stehlen. Aber jemand hat das gesehen und die Polizei gerufen.
Sie haben mich nach Hause gebracht und alles meinen Eltern erzählt. Die waren richtig wütend und ich hatte Angst, dass ich vielleicht ins Gefängnis muss. Da habe ich gewusst, dass ich etwas falsch mache. Ich wollte nie wieder stehlen oder andere schlagen.
20 Am Anfang war das gar nicht einfach, weil meine Freunde kamen und sagten: „Wir haben da im Kaufhaus was gesehen, das holen wir uns jetzt. Na los, komm mit. Oder hast du etwa Angst?" Aber ich habe immer gesagt: „Ich komme nicht mit. Ich will mir mein Leben nicht kaputt machen." Ich glaube, da war ich wirklich stark.

Worterklärungen:
klauen, stehlen: Dinge mitnehmen und nicht bezahlen

Schritte PLUS NEU Materialien für berufsbildende Schulen
Echte Freunde?

**Band 3
Lektion 1**

	richtig	falsch
a Die Eltern haben Manuel immer alles gegeben.	☐	☐
b Manuel wollte stark sein.	☐	☐
c Manuel hat gestohlen, weil er kein Geld hatte.	☐	☐
d Er hat anderen Jungen Sachen weggenommen.	☐	☐
e Manuel wollte keine Jugendlichen schlagen.	☐	☐
f Anna wollte von Manuel ein Smartphone haben.	☐	☐
g Manuel musste ins Gefängnis.	☐	☐
h Manuel will jetzt nicht mehr stehlen.	☐	☐

3 Was hat Manuel gemacht? Notiere.

– im Kindergarten und in der Schule: _____

– in Geschäften: _____

– in Parks: _____

4 Was bedeutet „Da war ich wirklich stark"? Sprecht in der Klasse.

5 Lies die Aussagen. Was ist deine Meinung dazu? Sprecht in der Klasse.

Richtig heizen

Schritte PLUS NEU Materialien für berufsbildende Schulen

Band 3
Lektion 2

1 Sprecht in der Klasse.

– Wie oft und wie lange öffnet ihr die Fenster?
– Wie warm ist es in eurer Wohnung / eurem Zimmer?
– Wann heizt ihr? Welche Räume?

> Wir heizen vor allem im Wohnzimmer und im Bad. Das Bad muss immer warm sein, besonders am Morgen.

> Wir heizen ungefähr von September bis April. Dann ist es ohne Heizung zu kalt in der Wohnung.

2 Heizen und Lüften

a Lies den Text ohne Wörterbuch. Was hast du verstanden? Schreibe zwei Sätze und vergleiche mit deiner Partnerin / deinem Partner.

_____

_____

WICHTIG: FENSTER ÖFFNEN

Moderne Fenster schließen sehr gut. Es kommt kaum noch Luft von draußen in die Wohnung. Aus diesem Grund muss man mehr lüften. Alle zwei Stunden soll man die Fenster kurz öffnen. Und natürlich auch nach dem Duschen, Kochen und Wäschetrocknen. Denn: Wer nicht lüftet, riskiert Schimmel an den Wänden. Besonders im Winter darf man das Lüften nicht vergessen. Denn sonst bleibt viel Feuchtigkeit im Raum. Aber Kippen ist nicht genug, man muss das Fenster schon ganz aufmachen. Übrigens: Jedes Grad Raumtemperatur weniger spart bis zu sechs Prozent Heizenergie. Experten empfehlen für das Wohnzimmer 21 Grad, für das Schlafzimmer 16 bis 17 Grad. Die Heizung ganz ausmachen ist aber keine gute Idee. Denn auch wer beim Heizen zu sehr ans Sparen denkt, riskiert Schimmel. Zu kalte und feuchte Räume sind ideal für Schimmel, aber schlecht für die Gesundheit. Denn Schimmel kann krank machen. Viele Menschen bekommen zum Beispiel Asthma. Im Winter heißt es also: Heizung an und Fenster weit auf!

Schritte PLUS NEU Materialien für berufsbildende Schulen
Richtig heizen

Band 3
Lektion 2

b   Hast du diese Wörter verstanden? Was hat dir geholfen? Ordne zu und vergleiche im Kurs.

Mir hat geholfen:

1 der Schimmel   eine Worterklärung im Text (bitte markieren!)
2 lüften   ein anderes Wort (welches?): Ich kenne es aus meinem *Schritte*-Buch.
3 heizen   ein Foto

c   Welche Wörter möchtest du auch verstehen? Überlege zuerst: Gibt es eine Hilfe im Text? Such die Wörter dann im Wörterbuch. Sprecht über eure Suche im Kurs.

> Ich möchte „kippen" verstehen. Vielleicht bedeutet es: das Fenster ein bisschen aufmachen. Aber ich bin nicht sicher. Ich sehe besser noch im Wörterbuch nach.

> Dann musst du den Ausdruck „das Fenster kippen" suchen.

> . Ich glaube, ich verstehe das Wort „Asthma". Bei uns heißt es „asma". Juhu. Ich hatte recht: Im Wörterbuch steht „asma".

Schritte PLUS NEU Materialien für berufsbildende Schulen
Energie sparen

Band 3
Lektion 2

1 Wo brauchst du Strom?

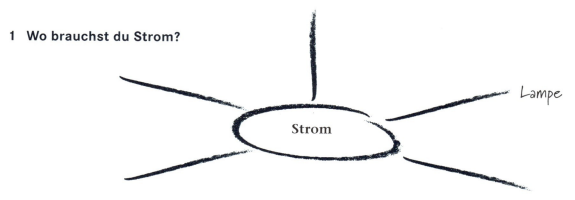

2 Energie sparen

a Wie kann man hier Energie sparen? Habt ihr eine Idee? Sprecht im Kurs.

1

2

3

immer ganz ausschalten • den Kühlschrank zumachen •
LED-Lampen benutzen • …

Zum Beispiel den Fernseher immer ganz ausmachen. Ich habe gehört, der Fernseher braucht auch im Stand-by Strom.

b Lies die Tipps und ordne die Fotos aus Aufgabe a zu.

Strom sparen – Tipps

Mehr Geld für Sie und etwas für die Umwelt tun? Das ist ganz einfach. Denn oft ist schon ein Klick genug – und Sie sparen Strom und Geld.

☐ Das richtige Licht bei Ihnen zu Hause hilft Ihnen nicht nur im Dunkeln, sondern es spart auch Geld. Moderne LED-Lampen sparen über 50 Prozent im Vergleich zur Energie-Sparlampe: Für das gleiche Licht brauchen sie viel weniger Energie und sie gehen nicht so schnell kaputt. Es gibt viele verschiedene Lichtfarben und Lampenformen. Sie finden sicher schöne LED-Lampen für Ihre Wohnung.

☐ Kühlschrank, Waschmaschine, Herd und Co. sind oft viele Jahre in Ihrem Haushalt und verbrauchen Strom. Sie wollen einen neuen Kühlschrank kaufen? Passen Sie gut auf, denn die richtige Entscheidung kann Geld sparen. Den Energieverbrauch von Haushaltsgeräten können Sie einfach an dem Energieetikett (EU-Label) erkennen. Es ist auf fast allen Geräten. Das EU-Label gilt für Kühl- und Gefriergeräte, Geschirrspüler, Waschmaschinen, Wäschetrockner und Elektrobacköfen. Es gibt sieben Effizienzklassen von A (= besonders sparsamer Energieverbrauch) bis G (= sehr hoher Energieverbrauch). Achten Sie auf das EU-Label und kaufen Sie am besten ein A-Gerät. Noch sparsamer sind A^+-, A^{++}- oder sogar A^{+++}-Geräte.

☐ Fernseher und Computer sind in (fast) jeder Wohnung. Viele Geräte verbrauchen auch nach dem Ausschalten im Stand-by-Modus noch Strom. Stromverbraucher sind auch die externen Netzteile von Laptops oder LCD-Monitoren. Prüfen Sie doch einmal die Geräte bei sich zu Hause!

Schritte PLUS NEU Materialien für berufsbildende Schulen
Energie sparen

**Band 3
Lektion 2**

c Lies noch einmal und kreuze an: Was ist richtig? (2 Lösungen pro Aufgabe)

1 LED-Lampen sind besser als Energiesparlampen, weil
- ☐ sie nicht so viel Energie verbrauchen.
- ☐ sie nicht so schnell kaputtgehen.
- ☐ sie nur sehr wenig kosten.

2 Das EU-Label
- ☐ ist ein Energieetikett.
- ☐ hat sechs Effizienzklassen.
- ☐ gibt Auskunft über den Energieverbrauch von Elektrogeräten.

3 Fernseher und Computer
- ☐ kosten zu viel Geld.
- ☐ verbrauchen auch im Stand-by-Modus Strom.
- ☐ verbrauchen oft auch nach dem Ausschalten Strom.

3 Energie sparen: Macht ein Klassenplakat.

Energie sparen
- Bus fahren
- Heizung in der Nacht kleiner stellen
...

Schritte PLUS NEU — Materialien für berufsbildende Schulen
Konflikte im Alltag

**Band 3
Lektion 2**

1 Vorurteile

a Lies die beiden Meinungen. Arbeite auch mit dem Wörterbuch. Kreuze an: Was ist richtig?

A

Im Moment habe ich gerade total Ärger mit meinem Nachbarn. Er sagt, dass ich sein Auto zerkratzt habe – weil er einmal die Polizei geholt hat, als ich eine Party feierte und es ihm zu laut war.
So ein Unsinn! Ich mache doch sein Auto nicht kaputt! Vielleicht ist er mit seinem Auto gegen einen Zaun gefahren. Aber wenn wirklich jemand sein Auto kaputt gemacht hat, ist es mir egal. Denn dieser Herr Kessler ist wirklich ein unfreundlicher Mensch. Der hat nur Vorurteile gegen junge Leute und überhaupt keinen Respekt. Er sagt nie „Hallo" oder „Guten Tag". Das ist doch total unhöflich!
Das mit der Party war auch so eine Sache: Ich hatte Geburtstag und habe ein paar Freunde eingeladen. Gut, kann sein, dass es ein bisschen laut war. Aber es ist doch nicht meine Schuld, dass man in diesem Haus alles hört. Er wollte, dass wir die Musik sofort ausmachen, sonst holt er die Polizei. Okay, da war ich auch nicht sehr freundlich zu ihm. Er hat dann gleich die Polizei angerufen. Das fanden wir total blöd. War der nie jung und hat gefeiert?

B

Unser Mietshaus war immer ein ruhiges Haus mit netten Mietern. Aber seit dieser junge Student hier wohnt, dieser Stephan Gruber, gibt es keine Ruhe mehr. Musik hört er so laut, dass man es im ganzen Haus hört. Wenn seine Freunde kommen, hört man sie schon im Treppenhaus herumschreien. Neulich hat er eine Party gefeiert, da hatte ich irgendwann keine Geduld mehr und bin raufgegangen. „Was willst du, Alter!", hat er zu mir gesagt. Also, das war wirklich zu viel! Ich habe die Polizei geholt. Darüber hat er sich so geärgert, dass er in mein Auto einen langen Kratzer gemacht hat. Ich habe ihn nicht gesehen, aber er war es. Da bin ich sicher! Also, ich bin ja ein toleranter Mensch und habe nichts gegen junge Leute. Ich war auch mal jung, aber was zu viel ist, ist zu viel.

☐ Stephan findet, dass Herr Kessler zu jungen Leuten unhöflich und respektlos ist.
☐ Herr Kessler findet es schön, dass auch junge Leute im Haus wohnen.

Schritte PLUS NEU Materialien für berufsbildende Schulen
Konflikte im Alltag

**Band 3
Lektion 2**

b Wer sagt das? Lies die Aussagen und kreuze an.

	Herr Kessler	Stephan
1 Er grüßt nicht, wenn er mich sieht.	☐	☐
2 Er hat die Polizei gerufen.	☐	☐
3 Ich bin nicht gegen junge Leute.	☐	☐
4 Ich habe das Auto nicht kaputt gemacht.	☐	☐
5 Ich habe mit Freunden gefeiert.	☐	☐
6 Ich sollte die Musik sofort ausmachen.	☐	☐
7 In unserem Haus haben früher nur nette Menschen gewohnt.	☐	☐
8 In unserem Haus hört man alles.	☐	☐
9 Mein Nachbar macht die Musik sehr laut.	☐	☐

2 Wie findet ihr das Verhalten von Stephan und Herrn Kessler? Sprecht in der Klasse.

Ich glaube, Herr Kessler ist nicht ehrlich. Er sagt, er hat nichts gegen junge Leute. Aber ....

Ich meine, Stephan sollte höflicher zu Herrn Kessler sein. ...

3 Welche Aussagen sind freundlicher? Kreuze an.

a ☐ Machen Sie die Musik aus.   ☐ Können Sie bitte die Musik ein bisschen leiser machen?

b ☐ Entschuldigung, ist die Musik wirklich so laut?   ☐ Halten Sie den Mund!

c ☐ Sie haben mein Auto zerkratzt.   ☐ Mein Auto hat einen Kratzer. Haben Sie etwas gesehen oder gehört?

d ☐ Seid endlich ruhig!   ☐ Könnt ihr bitte etwas leiser sein?

e ☐ Okay. Sie können ja feiern. Ich schlage aber vor, dass ihr in einer halben Stunde die Musik langsam leiser macht.   ☐ Jetzt hole ich die Polizei!

4 Bitte deine Partnerin / deinen Partner höflich um etwas.

– bei den Hausaufgaben helfen
– das Handy leihen
– einen Kugelschreiber geben

Kannst du mir bitte bei den Hausaufgaben helfen?

Die Ernährungspyramide

Band 3 – Lektion 3

1 Was isst du oft und viel, was nicht so oft und viel? Notiere.

2 Ernährungspyramide

   a Ergänze.

   > Getränke • Süßes / Knabbereien • Getreideprodukte / Kartoffeln • Obst / Gemüse • Öl / Fette • Fisch / Fleisch / Wurst / Eier • Milch / Milchprodukte

   _____
   _____
   _____
   _____
   _____
   _____

   b Ordne die Nahrungsmittel zu.

   > die Banane • der Reis • das Brot • das Fleisch • der Müsliriegel • die Margarine • die Tomate • das Mineralwasser • der Keks • der Apfel • der Zucker • der Käse • die Wurst • das Hähnchen • der Fisch • der Schokoriegel • die Gurke • die Paprika • das Vollkornbrot • das Eis • das Olivenöl • der Tee • die Orange • die Schokolade • das Brötchen • die Milch • der Saft • die Kartoffeln • die Nudeln • die Möhre • das Ei • das Bonbon • die Butter • der Kuchen • die Saftschorle • der Quark

3 „Viel drin": Ordne zu. Arbeite auch mit dem Wörterbuch.
   Achtung: Es gibt manchmal mehrere Möglichkeiten.

   a Orange — Kohlenhydrate
   b Vollkornbrot → Vitamine
   c Kartoffeln   Ballaststoffe
   d Fisch   Calcium
   e Milch   Eiweiß
   f Pommes Frites Eisen
   g Fleisch   Fett

Schritte PLUS NEU Materialien für berufsbildende Schulen

Die Ernährungspyramide

**Band 3
Lektion 3**

4 Lies den Text und ordne zu.

> Fisch, Fleisch, Wurst und Eier • Wenig Kalorien, viele Vitamine • ~~Viel trinken~~ •
> Öle und Fette: weniger ist mehr • Täglich Milch und Milchprodukte •
> Reichlich Getreideprodukte • Süßes und Knabbereien in Maßen

Die Ernährungspyramide

Essen und trinken Sie gesund und ausgewogen? Unsere Ernährungspyramide zeigt es Ihnen. Nichts ist verboten – wichtig ist nur, wie viel Sie von den verschiedenen Lebensmitteln essen.

Viel trinken
Trinken Sie ausreichend, mindestens 1,5 bis 2 Liter täglich. Gesunde Getränke sind zum Beispiel Mineralwasser und Früchte- und Kräutertees ohne Zucker.

_____
In Obst und Gemüse sind viele Vitamine, aber meistens wenig Kalorien. Das ist gut für unser Wohlbefinden und für die Figur. Essen Sie jeden Tag mindestens zwei Portionen Obst und drei Portionen Gemüse.

_____
Kohlenhydrate und Ballaststoffe sind in Kartoffeln, Brot, Nudeln und Reis – vor allem in Produkten aus vollem Korn. Davon können Sie sich zu jeder Mahlzeit satt essen, mindestens aber dreimal täglich.

_____
Auch Milch, Milchprodukte (z.B. Joghurt, Quark) und Käse sind wichtig, denn sie geben uns Eiweiß und viel Calcium für feste und stabile Knochen. 1/4 Liter Milch oder 250 g Joghurt und 2–3 Scheiben Käse reichen am Tag. Wählen Sie fettarme Milchprodukte.

_____
Auch Fleisch, Wurst und Eier dürfen nicht fehlen. Allerdings maximal 2–3 Portionen Fleisch, höchstens zwei- bis dreimal Wurst (zusammen ca. 300–600 g) und maximal drei Eier pro Woche. Sie enthalten Eiweiß. Essen Sie Fleisch und Wurst mit wenig Fett. Auch Fisch ist gesund. Essen Sie pro Woche zwei Portionen Seefisch, z.B. 150 g fettarmen Seefisch und 70 g fettreichen Seefisch.

_____
Öle und Fette sind lebensnotwendig. Aber Fett hat viele Kalorien. Essen Sie nur wenig Fette und Öle, nicht mehr als 40 g. Das sind ungefähr 1–1,5 Esslöffel (10–15 g) Öl und ca. 15–30 g Butter oder Margarine am Tag.

_____
Süßes und Salziges dürfen Sie genießen. Das gehört zum Leben. Aber achten Sie auf die Menge. Am Tag kann man z.B. einen kleinen Schokoriegel und zwei Kekse essen.

5 Isst du gesund? Sprecht im Kurs.

Ich esse wohl nicht so gesund, weil ich oft Pommes Frites esse. Die enthalten viel Fett.

Und ich esse zu viel Süßes und zu wenig Obst.

Ich glaube, ich esse gesund, denn ich esse viel Obst und Gemüse.

Schritte PLUS NEU Materialien für berufsbildende Schulen
Rechnen 4: Prozentrechnen und Dreisatz

Band 3 — Lektion 3

1 Prozentrechnen

a Was bedeutet „%" (Prozent)? Kreuze an.

☐ von zehn
☐ von hundert
☐ von tausend

b Rechne und ergänze die Tabelle.

	Betrag (100%)		
	200 €	500 €	700 €
1% (1 von hundert)	2 €		
2% (2 von hundert)			
3% (3 von hundert)			
4% (4 von hundert)		20 €	
5% (5 von hundert)			
6% (6 von hundert)			
7% (7 von hundert)			
8% (8 von hundert)			56 €
9% (9 von hundert)			
10% (10 von hundert)			

So kannst du das rechnen:

200 : 100 = 2; 2 • 1 = 2

500 : 100 = 5; 5 • 4 = 20

700 : 100 = 7; 7 • 8 = 56

c Trinkgeld: In Deutschland gibt man der Bedienung im Restaurant fünf bis zehn Prozent Trinkgeld. Schaut die Rechnungen an. Wie viel gebt ihr? Sprecht in der Klasse.

1

2
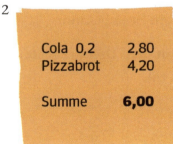

3

Rechnung 1:

Schritte PLUS NEU Materialien für berufsbildende Schulen

Rechnen 4: Prozentrechnen und Dreisatz

**Band 3
Lektion 3**

2 Mathematische Formeln und Begriffe

a Ergänze die Begriffe.

> der Prozentwert (P) / der Anteil vom Ganzen • der Grundwert (G) / die ganze Menge •
> der Anteil in Prozent / der Prozentsatz (p)

1 Betrag (100 Prozent) _____
2 Wie viel Prozent? _der Anteil in Prozent / der Prozentsatz (p)_____
3 Ergebnis _____

b Lies die Aufgaben und rechne mit den Formeln.

A

In deiner Klasse sind 30 Schüler: 40 Prozent Mädchen, 60 Prozent Jungen. Wie viele Mädchen und wie viele Jungen sind in deiner Klasse.

$P = p : 100 \times G$

B

Im März haben schon 80 Prozent deiner Klasse einen Ausbildungsplatz. Das sind 24 Schüler. Wie viele Schüler sind in deiner Klasse?

$G = P \times 100 : p$

c Vergleiche das Ergebnis mit deiner Partnerin / deinem Partner.

In meiner Klasse sind ... Mädchen.

3 Dreisatz

a Was bedeutet Dreisatz? Kreuze an.

☐ Man muss drei mal rechnen.
☐ Es gibt drei Ergebnisse.
☐ Man hat drei Zahlen, eine vierte Zahl ist unbekannt.

b Man kann Prozentaufgaben auch mit dem Dreisatz rechnen.
Notiere die Zahlen aus Aufgabe 2 b (A).
_____ Schüler sind 100 Prozent.
_____ Prozent sind Mädchen.

c Wie viele Mädchen sind in der Klasse? Setz die Zahlen aus 2 b (A) in den Dreisatz ein.
_____ Schüler : 100 Prozent = **?** (Mädchen) : _____ Prozent

d Bring die **bekannte Zahl** nach vorne (vor „=") und mach das Gegenteil („•" statt „:").
_____ (Schüler) : 100 (Prozent) • _____ (Prozent) = **?** (Mädchen)

e Wie viele Schüler sind in deiner Klasse? Rechne jetzt Aufgabe 2 b (B) mit dem Dreisatz.

Schritte PLUS NEU Materialien für berufsbildende Schulen

Berufsgruppen und Branchen

Band 3 — Lektion 4

1 Berufsgruppen

a Ordne die Berufe den Berufsgruppen zu. Arbeite mit deiner Partnerin / deinem Partner. Vergleicht im Kurs.

> Arzthelfer/-in • Erzieher-/in • Schreiner/-in • Maurer/-in • Bankkaufmann/-frau • Koch/Köchin • Architekt/-in • Bürokaufmann/-frau • Altenpfleger/-in • Masseur/-in • Buchhalter/-in • Restaurantfachmann/-frau • Ingenieur/-in • Schlosser/-in • Elektroniker/-in • Sozialarbeiter/-in • Hotelfachmann/-frau • Industriekaufmann/-frau • Apotheker/-in • Zahnarzt/-ärztin • Friseur/-in • Maler/-in • Bäcker/-in • Gebäudereiniger/-in • Technische/r Zeichner/-in

Technische Berufe	Kaufmännische Berufe	Handwerkliche Berufe	Soziale Berufe Gesundheitsberufe	Berufe in Hotel und Gastronomie

b Überlege noch: Was ist ähnlich oder gleich in den Berufen von jeder Berufsgruppe? Sprecht in der Klasse.

Ich denke, in handwerklichen Berufen arbeitet man viel mit den Händen.

Stimmt. Aber ein Masseur arbeitet auch mit den Händen. Dieser Beruf gehört aber zu den Gesundheitsberufen.

c Welche Berufe kennst du noch? Ergänze zu jeder Berufsgruppe drei Berufe.

Schritte PLUS NEU Materialien für berufsbildende Schulen

Berufsgruppen und Branchen

**Band 3
Lektion 4**

2 Schau die Grafiken an und lies die Texte in Aufgabe 3. Ordne zu.

Grafik A: Text ____   Grafik B: Text ____

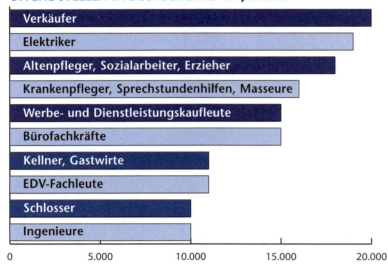

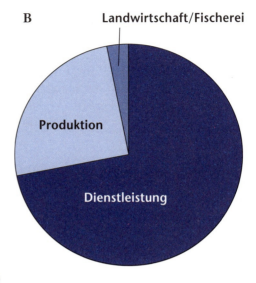

3 Was bedeuten die folgenden Wörter: Mach Notizen.

Selbstständiger • Produktion • Dienstleistungsbereich • Erwerbstätige • Arbeitslose • Landwirtschaft • Fachkraft

1

Wirtschaftsbereiche in Deutschland

In Deutschland gibt es ca. 40 Millionen Erwerbstätige, das sind alle angestellten Personen und auch Selbstständige. Die meisten von ihnen arbeiten im sogenannten Dienstleistungsbereich. In den Dienstleistungsberufen Tätige haben direkt mit Menschen zu tun, zum Beispiel als Altenpfleger/-in, Verkäufer/-in oder Bankkaufmann/-frau. In diesen Berufen sind vor allem Frauen beschäftigt. Ungefähr ein Viertel aller Erwerbstätigen arbeitet in der Produktion, das heißt, sie stellen ein Produkt her. Wichtige Branchen in Deutschland sind der Automobil- und Maschinenbau, die Elektrotechnik und die chemische Industrie. Dort arbeiten dreimal so viele Männer wie Frauen. Als Landwirt oder Fischer arbeiten dagegen viel weniger Menschen, nämlich nur etwa 700.000.

Quelle: Statistisches Bundesamt

2

Niedrige Arbeitslosigkeit und Fachkräftemangel

Auf dem Arbeitsmarkt werden viele Fachkräfte gesucht, das heißt Personen mit einer abgeschlossenen Ausbildung in einem bestimmten Beruf. Im Januar waren bei der Bundesagentur für Arbeit 655.000 offene Stellen gemeldet; die Zahl der Arbeitslosen liegt jetzt bei 2,5 Millionen Menschen. Vor allem in Gesundheits- und Sozialberufen ist die Nachfrage stark gestiegen. So gibt es im Moment 18.000 offene Stellen für Altenpfleger, Sozialarbeiter und Erzieherinnen, das sind 75 Prozent mehr als im Jahr zuvor. Neu in den Top Ten der am meisten gesuchten Berufe sind Ingenieure mit 10.000 Stellenangeboten.

Schritte PLUS NEU — Materialien für berufsbildende Schulen
Informationen über eine Ausbildung – Teil 1

Band 3 — Lektion 4

1 E-Mail

a Lies die E-Mail und notiere.

Was möchte Natalie von Beruf werden? _____

Welchen Beruf lernt Marcel? _____

E-Mail senden

Liebe Natalie,

vielen Dank für Deine Mail. Es tut mir leid, dass ich mich erst jetzt melde. Ich bin zurzeit immer so müde, weil meine Arbeitstage im Restaurant sehr lang sind. Du schreibst, Du interessierst Dich auch für eine Ausbildung als Köchin. Gern gebe ich Dir ein paar Informationen.
Also mir macht die Arbeit total viel Spaß, ==aber sie ist auch anstrengend==. ==Am Samstag== hatten wir zum Beispiel eine Gruppe von 25 Personen im Restaurant und jeder hat ein anderes Essen bestellt. Da musst du flexibel sein und schnell arbeiten. Das Wichtigste in dem Beruf ist: körperlich belastbar sein und auch ==bei Stress cool bleiben==.
Leider muss ich oft am Wochenende arbeiten, aber dafür habe ich dann zwei andere Tage in der Woche frei. Ich arbeite mittags von 10 bis 14 Uhr und habe dann eine Pause bis 18 Uhr. Normalerweise ist unsere Küche bis 22 Uhr geöffnet, aber ich kann erst nach Hause gehen, wenn alles sauber und aufgeräumt ist.
Einmal pro Woche gehe ich in die Berufsschule, da lernen wir zum Beispiel, wie man ein Menü zusammenstellt. Die praktischen Sachen zeigt mir mein Chef direkt in der Küche.
Ich bin ja schon im 2. Lehrjahr. Letzte Woche habe ich gelernt, wie man einen Fisch richtig zerlegt und zubereitet. Lecker!
Die Ausbildung dauert insgesamt 3 Jahre. Am Ende muss ich die sogenannte Gesellenprüfung machen, da gibt es einen theoretischen und einen praktischen Teil. Momentan verdiene ich 557 Euro pro Monat. Das ist nicht viel, aber ich wohne ja noch bei meinen Eltern. Nächstes Jahr bekomme ich ein bisschen mehr.
Bei mir hat es ziemlich schnell geklappt mit der Ausbildungsstelle. Ich habe in der Tageszeitung eine Stellenanzeige gelesen und mich beworben. Du kannst aber auch im Internet suchen oder einfach persönlich in einem Restaurant nach einem freien Ausbildungsplatz fragen.
Hoffentlich habe ich alle Deine Fragen gut beantwortet. Wenn nicht, dann komm doch einfach mal bei uns im Restaurant vorbei! Ich zeige Dir dann alles.

Viele Grüße
Marcel

Schritte PLUS NEU Materialien für berufsbildende Schulen
Informationen über eine Ausbildung – Teil 1

**Band 3
Lektion 4**

b   Lies noch einmal: richtig oder falsch? Markiere die Antworten auch in der E-Mail.

1. Die Arbeit als Koch ist manchmal stressig. — *richtig*
2. Marcel arbeitet von Montag bis Freitag. — *falsch*
3. Seine Arbeitszeit ist von 14 bis 18 Uhr. — _____
4. Er geht um 22 Uhr nach Hause. — _____
5. Die Berufsschule ist einmal pro Monat. — _____
6. Marcel hat gelernt, wie man Fisch kocht. — _____
7. Die Ausbildung zum Koch dauert 3 Jahre. — _____
8. Marcel verdient viel Geld. — _____
9. Er hat die Ausbildungsstelle in der Zeitung gefunden. — _____
10. Man kann sich nur schriftlich für einen Ausbildungsplatz bewerben. — _____

c   Formuliere Fragen zu den Antworten aus Aufgabe 1b.

von wann bis wann • wie lange • wie oft • was • wie viel • wie viele • wie • wo

*Wie ist die Arbeit als Koch?
Von wann bis wann arbeitet ein Koch? /
Wie viele Tage in der Woche arbeitet ein Koch?*

2   Schreib eine E-Mail an Marcel. Die Fragen aus Aufgabe 1c helfen dir.

> E-Mail senden
>
> Lieber Marcel,
>
> wie geht es Dir? Ich schreibe Dir, weil ich eine Ausbildung zur Köchin machen möchte. Und da kennst Du Dich ja sehr gut aus, nicht?

Schritte PLUS NEU Materialien für berufsbildende Schulen
Projekt: Betriebsbesichtigung

**Band 3
Lektion 4**

1 **Betriebsbesichtigung in einem Kaufhaus**
Was meint ihr: Wer arbeitet dort? Kreuzt an und sprecht in der Klasse.
Arbeitet mit dem Wörterbuch.

- ☐ Abteilungsleiter/-in Kundenservice
- ☐ Dekorateur/-in
- ☐ Friseur/-in
- ☐ Gebäudereiniger/-in
- ☐ Hotelfachkraft
- ☐ Kassierer/-in
- ☐ Kaufmann/-frau im Einzelhandel
- ☐ Mechatroniker/-in
- ☐ Lagerist/-in
- ☐ Landwirt/-in
- ☐ Maurer/-in
- ☐ medizinische Fachangestellte(r)
- ☐ Personalchef/-in
- ☐ Restaurantfachkraft
- ☐ Verkäufer/-in im Einzelhandel

2 **Vor der Betriebsbesichtigung**

a Was interessiert dich bei einer Betriebsbesichtigung? Was willst du wissen?
Notiere Fragen. Sammelt in der Klasse und macht eine Liste mit den Fragen.

> Ich möchte wissen: Wie sind die Arbeitszeiten im Kaufhaus-Café?

> Was ist ein Lagerist? Was sind seine Aufgaben?

b Sammelt Informationen im Internet über „euer" Kaufhaus.

> Kaufhaus am Obermarkt
> Mitarbeiter: ...
> existiert seit: ...
> ...

c Mit welchen Personen aus Aufgabe 1 möchtest du dich unterhalten?
Wähle mit deiner Partnerin / deinem Partner drei Personen aus.

Projekt: Betriebsbesichtigung

d Wählt eine Person für ein Interview aus. Bereitet Fragen vor.

> Interview mit …
> Seit wann …?
> Wie lange …?
> Welche Ausbildung: …?
> Welche Schule(n): …?
> Welcher Abschluss: …?
> Warum arbeiten Sie in diesem Kaufhaus?
> Macht Ihre Arbeit Spaß?
> Was ist in Ihrem Beruf interessant / nicht so interessant?
> Ist die Arbeit schwer / leicht?
> Arbeiten Sie gern mit Menschen?
> Wie viele Kollegen haben Sie?
> …

e Überlegt euch Anworten und spielt zu zweit ein Interview.

> Ich arbeite seit … im Kaufhaus …
> Ich arbeite dort … Tage pro Woche von … bis … Uhr.
> Ich habe eine Ausbildung als … gemacht.
> Vorher habe ich folgende Schulen besucht: …
> Mein Schulabschluss ist …
> Das Kaufhaus … ist / hat …
> Interessant finde ich bei meiner Arbeit …
> Manchmal ist die Arbeit auch schwer: …
> Die Arbeit mit Menschen ist für mich …
> In meinem Team sind …
> …

3 Während der Betriebsbesichtigung

- Notiert bei der Betriebsbesichtigung möglichst viele Informationen.
- Dürft ihr Fotos und Videos machen? Dann wählt ein oder zwei Schüler für Fotos und Videos aus.
- Dürft ihr Interviews mit Mitarbeitern im Kaufhaus machen? Dann stellt den Personen Fragen wie in 1d.

4 Nach der Betriebsbesichtigung

a Macht ein Poster zu dem Kaufhaus mit euren Informationen und den Fotos.

b Macht Poster mit kleinen Jobporträts (Personen aus den Interviews).

Schritte PLUS NEU Materialien für berufsbildende Schulen
Fußball gegen Gewalt

Band 3
Lektion 5

1 Was meinst du: Was ist richtig? Kreuze an. Warum denkst du das? Erzähle im Kurs.

Fußball ...
- ☐ ist langweilig.
- ☐ macht Spaß.
- ☐ hilft gegen Aggressionen.
- ☐ ist nur etwas für Kinder.
- ☐ ist eine internationale Sprache.
- ☐ hilft, wenn man neue Freunde finden möchte.
- ☐ ist gut für die Gesundheit.
- ☐ ist total unwichtig.
- ☐ gibt es viel zu oft im Fernsehen.

Fußball ist langweilig, weil man nur hinter einem Ball herläuft. Das macht mir keinen Spaß.

Manchmal ärgere ich mich über die Schule. Dann spiele ich mit meinen Freunden Fußball und der Ärger ist schnell vorbei.

2 Was meinst du: Was bedeutet dieser Satz? Arbeite auch mit dem Wörterbuch.

Treten ist erlaubt –
aber *nur* gegen den Ball!

3 Lies und kreuze an.

Treten ist erlaubt –
aber *nur* gegen den Ball!

Mit dem großen Fußballturnier „Kicken gegen Gewalt" startet am Osterwochenende ein neues Projekt zur Gewaltprävention an Schulen in Deutschland. Schüler der 8. bis 10. Klassen dürfen an diesem Turnier teilnehmen. Auf vier mobilen Fußballplätzen spielen wir an zwei Tagen.
Warum kicken wir gegen Gewalt?
Immer mehr Kinder und Jugendliche werden in der Schule Opfer von Gewalt oder Mobbing: Andere Schüler treten und schlagen sie oder quälen sie psychisch. Im Notfall hilft zum Beispiel der Internet-Notruf Deutschland e. V.

Aber so weit soll es gar nicht kommen. Deshalb ist Gewaltprävention an Schulen wichtig!
Warum hilft Fußball gegen Gewalt?
Fußball macht vielen jungen Menschen Spaß. Beim Fußball lernen sie, Regeln zu akzeptieren. Denn im Spiel muss man fair und tolerant sein. Und man muss auch verlieren können. All das ist auch wichtig im Leben. Mit Sport kann man außerdem Aggressionen abbauen und besser kontrollieren. Jede Schule darf zwei Mannschaften anmelden. Auf die Gewinner warten tolle Preise. Die Anmeldung ist bis zum 1. März möglich.

Schritte PLUS NEU Materialien für berufsbildende Schulen
Fußball gegen Gewalt

**Band 3
Lektion 5**

a Gewalt heißt:

☐ andere treten und schlagen
☐ fair sein
☐ anderen helfen
☐ aggressiv zu anderen sein

b Gewaltprävention heißt:

☐ Aktionen gegen Gewalt
☐ zurückschlagen
☐ etwas gegen Aggressionen tun
☐ an Turnieren teilnehmen

4 Lies noch einmal: Warum ist Fußball ein gutes Mittel zur Gewaltprävention? Schreibe.

Man lernt:

Regeln akzeptieren

_____

_____

_____

5 Was kannst du tun, wenn du selbst Probleme bekommst, also Opfer von Gewalt bist? Sammelt im Kurs.

6 Der WEISSE RING e. V.

a Was ist die Organisation WEISSER RING e.V.? Was meinst du? Kreuze an.

☐ Ein Online-Geschäft für Schmuck.
☐ Eine Organisation für Opfer von Kriminalität.
☐ Ein Fußballverein für Jugendliche.

b Wie heißt die Internetadresse von dieser Organisation? Achte auf die Orthografie im Internet!

_____

c Geht auf die Internetseite WEISSER RING e.V.

1 Notiere die Telefonnummer für ganz Deutschland? _____
2 Müssen die Opfer für die Hilfe etwas bezahlen?   ☐ Ja, 50 Euro.   ☐ Nein.

Schritte PLUS NEU Materialien für berufsbildende Schulen

**Band 3
Lektion 5**

Sucht und Suchtprävention

1 Sucht und Suchthilfe

a Was meinst du? Was kann alles süchtig machen? Kreuze an.

1 ☐ Zigaretten
2 ☐ Arbeit
3 ☐ Computerspiele
4 ☐ Drogen
5 ☐ Shoppen
6 ☐ Alkohol
7 ☐ Medikamente

b Lies den Text. Welche Aussagen sind richtig? Kreuze an. Arbeite auch mit dem Wörterbuch.

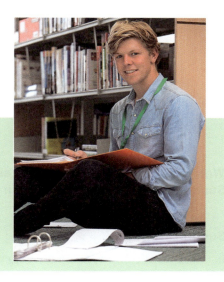

„Ich hatte, so mit 14 Jahren, plötzlich Probleme in der Schule. Ich habe immer viel gelernt, aber ich hatte Angst vor schlechten Noten. Dann habe ich einmal vor einer wichtigen Klassenarbeit ein Medikament, ein Beruhigungsmittel, genommen. Und ich habe dann eine gute Note geschrieben. So hat es angefangen. Bei der nächsten Klassenarbeit habe ich es wieder so gemacht, dann auch bei kleinen Tests. Ich dachte immer: Das ist ja ein Medikament, also kann es nichts Schlechtes sein."

1 ☐ Tim hatte Angst vor der Schule.
2 ☐ Er war ein fleißiger Schüler.
3 ☐ Seine Noten in der Schule waren schlecht.
4 ☐ Ein Beruhigungsmittel vor einer wichtigen Klassenarbeit hat ihm geholfen.
5 ☐ Er hat nur einmal Beruhigungsmittel genommen.
6 ☐ Medikamente sind immer etwas Gutes.

c Was denkst du über Tims Verhalten? Kreuze an.

1 ☐ Tim hat recht: Medikamente helfen uns und sind nichts Schlechtes.
3 ☐ Tim hat nicht recht: Medikamente können süchtig machen.

d Was kann Tim tun? Lies die Beratungsangebote in Aufgabe 2 und notiere passende Angebote für Tim. Sprecht darüber in der Klasse.

2 Lies die Informations- und Beratungsangebote (hier und auf Seite 28) und ordne die Suchtarten aus 1 a zu.

A ☐

B ☐

C ☐

Schritte PLUS NEU, Materialien für berufsbildende Schulen © Hueber Verlag, Autor: Andreas Tomaszewski

Schritte PLUS NEU Materialien für berufsbildende Schulen
Sucht und Suchtprävention

Band 3 Lektion 5

D ☐

E ☐ **Anonyme Arbeitssüchtige**
nächster Treffpunkt der Selbsthilfegruppe Lamstein
Donnerstag 18 Uhr

F ☐ **AKTIONSWOCHE ALKOHOL** 17. bis 24. Oktober

G ☐

3 Welche Beratungsangebote gibt es in eurer Stadt / Region? Sucht im Internet und sammelt in der Klasse.

4 Suchtprävention

a Lies den Text. Was kann gegen Sucht helfen? Kreuze an.

1 ☐ Eine Therapie machen
2 ☐ Wissen und Informationen über Drogen sammeln
3 ☐ Drogen ausprobieren
4 ☐ In der Freizeit ohne Suchtmittel aktiv sein
5 ☐ Mit Süchtigen Spaß haben

Heute macht Tim eine Therapie, denn er wurde süchtig nach dem Beruhigungsmittel.
Der Weg zurück zum normalen Leben ist auch mit einer Therapie nicht leicht. Deshalb ist das Motto der Drogenprävention vor allem bei Jugendlichen: „Am besten, du fängst erst gar nicht an".
Dazu sind Informationen wichtig: Jugendliche sollten etwas über die Suchtmittel und -arten und die Folgen wissen.
Ein weiterer Punkt bei der Drogenprävention sind Freizeitangebote mit Jugendlichen, die keine Suchtmittel konsumieren. So lernt man, dass man Spaß ohne Alkohol und Drogen haben kann. Man kann Musik machen oder Sport, singen oder tanzen – es gibt viele Möglichkeiten. Hauptsache „ohne".
Informationen zur Drogenprävention bekommt man zum Beispiel beim Verein „Keine Macht den Drogen" oder bei der Bundeszentrale für gesundheitliche Aufklärung.

Keine Macht den Drogen: Jugendliche im Klettergarten Traunstedt

b Was sind eure Tipps für eine drogenfreie Freizeit? Sprecht in der Klasse.

Schritte PLUS NEU Materialien für berufsbildende Schulen

Die beliebtesten Ausbildungsberufe

**Band 3
Lektion 6**

1 Welche Berufe kennst du? Was macht man in diesen Berufen? Welche Berufe haben meistens Männer, welche Frauen? Sprich mit deiner Partnerin / deinem Partner.

 Bürokaufmann/ Bürokauffrau

 Medizinische(r) Fachangestellte(r)

 Koch/Köchin

 Kraftfahrzeugmechatroniker/ Kraftfahrzeugmechatronikerin

 Verkäufer/Verkäuferin

 Friseur/Friseurin

 Industriemechaniker/ Industriemechanikerin

Eine Friseurin oder ein Friseur schneidet Haare.

Ein Koch muss auch abends arbeiten. Köche sind meistens Männer.

2 Welche Berufe sind in deiner Klasse am beliebtesten? Macht eine Statistik.

Platz 1: _____

Platz 2: _____

Platz 3: _____

Platz 4: _____

Platz 5: _____

Schritte PLUS NEU Materialien für berufsbildende Schulen

Die beliebtesten Ausbildungsberufe

**Band 3
Lektion 6**

3 Die häufigsten Ausbildungsberufe

a Schaut die Grafik an und vergleicht mit eurer Statistik in Aufgabe 2. Sprecht in der Klasse.

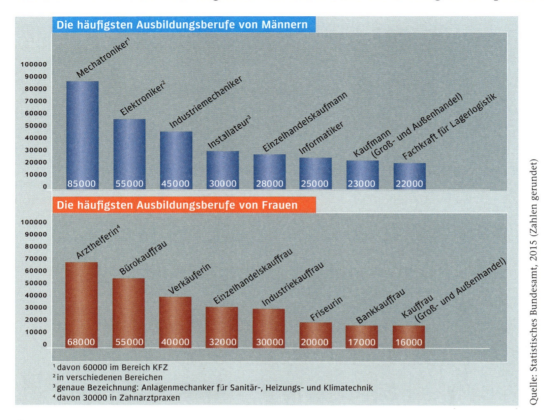

> Fast ... Mädchen / Jungen wollen ... werden.
> Wenige / Viele Mädchen / Jungen interessieren sich für ... / machen eine Ausbildung zum / zur ......

b Welche Ausbildungsberufe sind bei Männern und Frauen beliebt? Notiere.

_____

4 Was passt? Ordne zu.

die Ausbildungsdauer • die schulischen Voraussetzungen • die Tätigkeiten • der Arbeitsplatz • das Einkommen / der Verdienst

a Was muss man in diesem Beruf machen? _____
b Wo arbeitet man in diesem Beruf? _____
c Wie viel Geld verdient man im Monat? _____
d Wie lange dauert die Ausbildung? _____
e Welchen Schulabschluss braucht man? _____

5 Projekt: Wähle einen Beruf aus der Grafik in Aufgabe 3 aus. Informiere dich bei Bekannten oder im Internet und beantworte die Fragen aus Aufgabe 4. Stelle den Beruf kurz in der Klasse vor.

Schritte PLUS NEU — Materialien für berufsbildende Schulen
Informationen über eine Ausbildung – Teil 2

Band 3, Lektion 6

1 Du möchtest eine Ausbildung machen. Welche Informationen brauchst du?

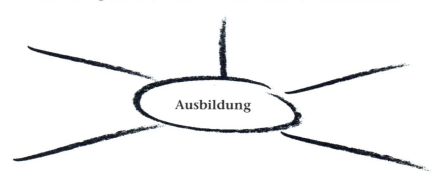

2 Was bedeuten die Wörter? Ordne zu.

a Ausbildungsweg — Sie entscheiden sich für den Beruf „Verkäufer".

b Berufswahl → Sie möchten Koch werden. Zuerst müssen Sie einen Hauptschul- oder Realschulabschluss machen. Dann brauchen Sie eine Lehrstelle als Koch und müssen an einem Tag in der Woche die Berufsschule besuchen. Nach drei Jahren machen Sie eine Prüfung. Dann sind Sie Jungkoch.

c Arbeitsmarkt — Sie suchen eine Arbeitsstelle auf dem Stellenmarkt.

d finanzielle Hilfe — Wie gut ist die Situation für Ihren Wunschberuf? Für manche Berufe gibt es viel Arbeit, für manche nur wenig.

e Jobbörse — Sie bekommen Geld vom Staat, zum Beispiel wenn Sie nicht bei Ihren Eltern wohnen.

3 Lies und ordne die Überschriften zu.

> Welcher Beruf passt zu Ihnen? • ~~Wir informieren Sie~~ • Sie suchen eine Lehrstelle?
> Wir helfen Ihnen bei Ihrer Bewerbung

Der Weg zum Ausbildungsplatz

Wir informieren Sie

Wir informieren Sie über die unterschiedlichen Ausbildungswege. Mitarbeiter und Mitarbeiterinnen in Ihrer Agentur für Arbeit helfen Ihnen bei Ihren Fragen zur Berufswahl und Ausbildungssuche. Im Berufsinformationszentrum finden Sie viele Informationen zum Thema Beruf, Ausbildung, Studium und Arbeitsmarkt. Informationen zu über 3100 Berufen in Deutschland finden Sie im BERUFENET.

Haben Sie die Real- oder Hauptschule besucht? Dann finden Sie auch auf der Seite www.planet-beruf.de Informationen zum Thema Berufswahl, Bewerbung und Ausbildung. Hier können Sie auch testen, welche Interessen und Stärken Sie haben und welcher Beruf zu Ihnen passt.

Sie haben sich über Berufe, Betriebe und Lehrstellen bereits informiert und möchten eine Ausbildung machen? Dann müssen Sie sich richtig bewerben. Wir helfen Ihnen. Sie finden unsere Informationen im Internet. Und Sie erhalten Informationen über finanzielle Hilfen.

Sie finden viele Lehrstellenangebote in unserer Jobbörse im Internet. Informieren Sie sich!

Quelle: www.arbeitsagentur.de

Schritte PLUS NEU Materialien für berufsbildende Schulen

Informationen über eine Ausbildung – Teil 2

Band 3 · Lektion 6

4 Lies die Stellenanzeigen. Ergänze die Informationen in der Tabelle.

1 Für unseren Friseursalon suchen wir ab August/September *eine/n Auszubildenden*
Sie sind interessiert? Dann freuen wir uns auf Ihren Anruf und/oder Ihre schriftliche Bewerbung.
Friseur W. Möller – Münstergasse 11
48329 Havixbeck – Tel. 0253731104

2 Wir suchen ab sofort Auszubildende(n) **Köchin/Koch**
Bitte bewerben Sie sich unter:
Restaurant Berner Moor
12203 Berlin, Asternplatz 1

3 Für unsere Bäckerei suchen wir zum 1. August ein bis zwei *Auszubildende* als Bäcker/-in
Voraussetzungen:
Hauptschulabschluss, körperliche Belastbarkeit, Zuverlässigkeit
Schriftliche Bewerbung mit Foto, Lebenslauf und Zeugnissen an:
Bäckerei Schneider,
Moosbacher Str. 1, 53506 Kesseling

4 **Koehler GmbH Unterhaltungselektronik**
Zum 1. September suchen wir eine(n) Auszubildende(n) als Einzelhandelskaufmann/-frau
Voraussetzungen: guter Hauptschulabschluss oder Mittlere Reife
Wir freuen uns auf Ihre Bewerbung. Ein Praktikum im Betrieb ist nach Absprache möglich.
Bewerbungsunterlagen an:
Koehler GmbH, Herrn Schuller, Münchener Straße 2, 77652 Offenburg

5 Auszubildende (w/m) als Mediengestalter, Digital-/Printmedien zum 1. August gesucht. Praktikum vorher erwünscht.
Druckerei/Buchbinderei Schlattmann
Raiffeisenstraße 12, 48161 Gievenbeck

6 *25 Jahre Berufsfachschule*
MedKo, Lutherstraße 24, 12167 Berlin
*Staatlich genehmigte Ergänzungsschule
Anerkannte Ausbildungen
Ganzheitskosmetik 12 Monate
Kosmetik 3 Monate
Fußpflege mit Diplom 3 Wochen*
Ausbildungsbeginn wieder ab: Mitte September
Wir sind AZWV zertifiziert.
030/8721634
www.kosmetikschule-medko.de

Anzeige	Beginn	Anforderungen/Voraussetzungen	Ausbildungsziel/Beruf
1		–	
2			
3			
4			
5			
6			Kosmetiker/-in, Fußpfleger/-in

5 Projekt: Informiere dich über deinen Wunschberuf im Internet. Stelle dein Ergebnis in der Klasse vor.

– Wie viele Stellenangebote gibt es?
– Welchen Schulabschluss brauchst du?
– Welche anderen Voraussetzungen stehen in Stellenanzeigen zu diesem Beruf?
– Wie lange dauert die Ausbildung?

Schritte PLUS NEU — Materialien für berufsbildende Schulen
Ausbildung: Duales System und Berufsfachschulen

Band 3, Lektion 6

1 Ausbildung zum Koch / zur Köchin im dualen System

a Was bedeutet „duales System"? Kreuze an.

- ☐ Man macht zwei Ausbildungen in verschiedenen Firmen.
- ☐ Man macht eine Ausbildung in einer Firma und an einer Berufsschule.
- ☐ Man macht eine Ausbildung in verschiedenen Firmen und Schulen.

b Lies den Text. Was lernt Lena in der Berufsschule, was im Restaurant? Kreuze an.

Ich heiße Lena und mache eine Ausbildung zur Köchin. Die Ausbildung dauert drei Jahre. Ich bin jetzt im zweiten Ausbildungsjahr.
Die Ausbildung sieht so aus: Drei bis vier Tage pro Woche bin ich im Betrieb; ein bis zwei Tage gehe ich in die Berufsschule.
In der Berufsschule lernen wir viel über die verschiedenen Lebensmittel und die ganzen Hygienevorschriften und auch, wie man den Tisch deckt und mit Gästen spricht. Und das Geld ist wichtig: Als Koch muss man rechnen können.
Das Essen darf nicht zu teuer sein, dann kommen keine Gäste. Es darf nicht zu billig sein, dann verdient das Restaurant kein Geld. Das lernen wir im Fach Betriebswirtschaft.
In meiner Klasse sind Auszubildende aus der ganzen Region. Da hört man viel über andere Restaurants und Hotels. Jeder Betrieb ist ein bisschen anders. Das finde ich auch interessant.
Im Betrieb bin ich Teil des Küchenteams. Dort kann ich mein Wissen aus der Berufsschule anwenden. Natürlich vor allem bei den Speisen und Getränken auf unserer Speisekarte. Denn ein Restaurant kann ja nicht alle Speisen der Welt zubereiten. Oft muss es sehr schnell gehen, da muss man im Team gut zusammenarbeiten. Das ist manchmal ganz schön stressig, aber die Kolleginnen und Kollegen sind nett, und nach der Arbeit sind die Probleme vergessen.
Sehr viel verdient man in der Ausbildung nicht, zwischen 600 und 700 Euro. Aber ich finde, es ist ein schöner Beruf.

in der Berufsschule

im Restaurant

Ausbildung: Koch/Köchin Berufsschule – Fächer	
allgemein bildender Unterricht	
Deutsch	1
Sozialkunde	1
Religion	1
fachlicher Unterricht	
Fachtheorie	2
praktische Fachkunde	2
Betriebswirtschaft	2
Englisch [1]	1
Summe	**9**

[1] an manchen Tagen

	Restaurant	Berufsschule
praktisches Kochen	☐	☐
Deutsch	☐	☐
Arbeit im Team	☐	☐
Kommunikation mit Gästen	☐	☐
Preise auf der Speisekarte	☐	☐
die verschiedenen Lebensmittel	☐	☐
schnell kochen	☐	☐
Hygiene	☐	☐

Schritte PLUS NEU Materialien für berufsbildende Schulen
Ausbildung: Duales System und Berufsfachschulen

Band 3 / Lektion 6

2 Ausbildung als Kinderpfleger/-in in einer Berufsfachschule
Sammle Informationen im Text und vergleiche mit der Ausbildung zu Koch.

Hallo, ich heiße Stefanie und ich möchte später in einem Kindergarten arbeiten. Meine Ausbildung mache ich an der Berufsfachschule für Kinderpflege. Wir haben jede Woche an vier Tagen Unterricht, von morgens bis abends. Einmal pro Woche haben wir ein Praktikum in einem Kindergarten. Das ist ganz schön stressig, denn Hausaufgaben gibt es ja auch noch. In der Schule lernen wir alles Wichtige für unseren Beruf, dazu gehören auch Sport und Musik, denn im Kindergarten machen wir mit den Kindern Sport, und wir singen auch mit ihnen. Im Kindergarten arbeiten wir in der Praxis, und dort machen wir auch unsere praktische Prüfung. Leider verdienen wir kein Geld, aber wir sind nach zwei Jahren mit der Ausbildung fertig.

	Ausbildung zum / zur	
	Kinderpfleger/-in an einer Berufsfachschule	Koch / Köchin im dualen System
Zeit in der Firma/ Einrichtung		
Zeit in der Schule		
Dauer der Ausbildung		
Bezahlung		
Sonstiges		

3 Was möchtest du werden? Sammle Informationen über die Ausbildung zu deinem Beruf und berichte in der Klasse.

> Ich möchte Mechatroniker werden. Die Ausbildung mache ich bei … . Ich arbeite in der Firma und gehe auch in die Berufsschule.

> Ich möchte medizinische Fachangestellte werden. Die Ausbildung kann ich in einer Arztpraxis machen oder an einer Berufsfachschule.

> Ich möchte gern in der Altenpflege arbeiten. Die Ausbildung muss ich in einer Berufsfachschule machen.

Schritte PLUS NEU — Materialien für berufsbildende Schulen
Schulfächer

Band 3 — Lektion 6

1 Was machen Schüler in diesen Fächern? Ordne zu. Arbeite auch mit dem Wörterbuch. Manchmal sind mehrere Lösungen richtig.

> die eigene Fitness verbessern • eine Schülerfirma gründen • Bewegungstechniken ausführen • Formeln anwenden • Flächen und Räume berechnen • eine Bewerbung schreiben • einen Aufsatz über ein Thema schreiben • Vokabeltests schreiben • im Team Sport machen • die Regeln in der Rechtschreibung lernen • Berufe kennenlernen • Bewegungsprogramme kennenlernen • Geometrieaufgaben lösen • Grammatikregeln anwenden • ein Gedicht interpretieren • über Literatur sprechen • Statistiken erstellen • Diagramme erklären • die Verfassung kennenlernen • einen Betrieb besichtigen • Dialoge üben • einen Text analysieren

Deutsch: _einen Aufsatz über ein Thema schreiben_ _____

Englisch: _____

Geschichte/Sozialkunde: _____

Mathematik: _____

Sport: _____

Arbeitslehre: _____

2 Erinnerst du dich an deine Schulzeit? Was hast du in Mathematik, Sport ... gemacht? Wähle drei Fächer aus und finde andere Aktivitäten. Arbeite auch mit dem Wörterbuch. Berichte und erkläre dann im Kurs.

> In Mathematik haben wir über geometrische Figuren gesprochen. Wir haben gelernt, wie man Flächen und Räume berechnet.

Schulfächer

Band 3, Lektion 6

3 Mein Lieblingsfach

a Ergänze.

> ~~Geometrie~~ • Betriebe • Kochen • Labor • Bewerbung • Flächen • Lösung • Experimente • spiele • Formeln berechnen • Mahlzeiten zubereiten • Formeln • Gesundheit • Sport im Team • Fitness

A
Die meisten Schüler hassen Mathe. Aber ich finde es toll, es ist mein Lieblingsfach. Am besten gefällt mir _Geometrie_. Da sprechen wir gerade über Kreise, Dreiecke und so. Wir müssen die _____ berechnen. Aber das ist gar nicht so schwer, es gibt ja _____. Wenn man die anwendet, bekommt man schnell die richtige _____.

B
Mathe finde ich schrecklich. Immer nur _____, das ist langweilig. Ich bin aktiv und mache lieber Sport. Ich mache gern _____, und am liebsten _____ ich Basketball. Sport ist ja auch wichtig für die _____ und die _____.

C
Ich bin kein besonders guter Schüler. Deutsch, Englisch, Mathe, das ist nichts für mich. Ich bin mehr für praktische Dinge. Mein Lieblingsfach ist _____, da lernt man wirklich Dinge fürs Leben. Ich kann jetzt zum Beispiel _____, Salate, Suppen, Hauptgerichte. Wir haben mehrere _____ besucht und uns dort die Arbeitsplätze angesehen. Und ich weiß jetzt, wie man eine gute _____ schreibt. Das ist wichtig, wenn ich später einen Ausbildungsplatz suche.

D
Meine Lieblingsfächer waren Biologie und Chemie. Ich möchte später einmal in einem _____ arbeiten und _____ durchführen. Vielleicht kann ich mit meinen Kollegen ein neues Medikament finden und vielen Menschen helfen.

b Was war dein Lieblingsfach? Was hast du in diesem Fach besonders gern gemacht? Erzähle.

> Also, mein Lieblingsfach war ... .
> Ich interessiere mich sehr für die ... und habe gern ... .
> Im Unterricht haben wir zum Beispiel ...

4 Welchen Beruf möchtest du lernen? Welche Schulfächer und Kenntnisse sind für diesen Beruf wichtig? Sammelt. Erkundige dich auch bei der Agentur für Arbeit, auf www.planet-beruf.de oder bei Freunden.

Schritte PLUS NEU Materialien für berufsbildende Schulen

Auf der Ausbildungsmesse

**Band 3
Lektion 6**

1 Schau dir den Text und die Informationen zu einer Ausbildungsmesse an.

a Was findest du hier? Ordne zu.

1 Grußwort
2 Liste der Berufe und Stände auf der Messe
3 Rahmenprogramm

☐

Grußwort

Liebe Schülerinnen und Schüler,

die Ausbildungsmesse Lamstein bringt auch in diesem Jahr wieder junge Menschen mit Unternehmen, handwerklichen Betrieben, Behörden und Fach- und Hochschulen in Konktakt.

Insgesamt fast hundert Aussteller informieren über mehr als 150 Berufe in unserer Region. So können Sie die verschiedensten Berufe kennenlernen. Schauen Sie sich einfach auf der Messe um. Und wenn Sie schon wissen, was Sie beruflich machen wollen: Sprechen Sie die Ausbildungsbetriebe und die Schulen direkt an und sammeln Sie persönliche Kontakte. Ich wünsche Ihnen viel Spaß und Erfolg bei Ihrem Messebesuch.

Ihr
Hans Kölbel
Industrie- und Handelskammer Lamstein

☐

Vorträge

9:00 – 9:30
D2 Tipps für die Bewerbung
Sparkasse Lamstein

9:00 – 9:30
D3 Ausbildungssberuf
Medizinische Fachangestellte
Ärztlicher Kreisverband, Lamstein

10:00 – 10:30
D2 Karriereweg bei raZio
raZio AG

10:30 – 11:00
D3 Ausbildung zum/zur
Kinderpfleger/-in
BFS Kinderpflege, Lamstein

11:00 – 11:30
D3 Wege zur eigenen Firma
Martin Semmler

☐

■ ■ ■ ■ Ausbildungsmesse Lamstein

A
■ **Zentrale Halle**
B
■ **Messezelt 1**
C
■ **Messezelt 2**
D
■ **Zentrale Halle**
  Obergeschoss

Ausstellerliste Berufe

Kaufmännische Berufe
A1–A22
Automobilkaufmann/-frau
Bankkaufmann/-frau
Industriekaufmann/-frau
Kaufmann/-frau im Einzelhandel
Verkäufer/-in

Garten und Natur
A23–A30
Florist (m/w)
Gärtner/-in
Landwirt/-in

Bautechnik
B1–B20
Bauzeichner/-in
Maurer/-in
Schreiner/-in
Zimmerer/-in

Ernährung, Gastronomie, Hotellerie
A12–A22
Bäcker/-in
Fleischer/-in
Metzger/-in
Koch/Köchin
Beikoch/Beiköchin
Hotelfachmann/-frau
Restaurantfachmann/-frau

Dienstleistung
C7–C10
Friseur/-in
Gebäudereiniger/-in

Transport und Verkehr
A23–A35
Berufskraftfahrer/-in
Fachkraft für Lagerlogistik

Medizin und Pflege
C11–B30
Altenpfleger/-in
Drogist/-in
Kinderpfleger/-in
Masseur (m/w)
Medizinische/-r
 Fachangestellte/-r

Metall und Elektronik
B21–B40
Elektroniker/-in für Energie
 und Gebäudetechnik

Elektroniker/-in für
 Informations- und
 Telekommunikationstechnik
Industriemechaniker/-in
Mechatroniker/-in
Metallbearbeiter/-in
Werkzeugmechaniker/-in

Öffentlicher Dienst
C1–C6
Polizeivollzugsdienst in der
 Bundespolizei
Steueranwärter (m/w)
Verwaltungsfachangestellte/-r

**Fachschulen
und Studiengänge**
C11–C15
Betriebswirtschaftslehre
Fahrzeug- und Verkehrstechnik

Schritte PLUS NEU — Materialien für berufsbildende Schulen
Auf der Ausbildungsmesse

Band 3 — Lektion 6

b Was kann man auf der Ausbildungsmesse machen? Kreuze an.

- ☐ Informationen über verschiedene Berufe sammeln
- ☐ einen Ausbildungsvertrag abschließen
- ☐ seinen Chef kennenlernen
- ☐ mit Mitarbeitern von verschiedenen Firmen sprechen
- ☐ persönliche Kontakte sammeln
- ☐ Fachschulen kennenlernen
- ☐ Informationen für eine Bewerbung bekommen
- ☐ Vorträge hören
- ☐ Geräte und Maschinen ausprobieren
- ☐ sich bei einer Firma bewerben

c Welche Berufe interessieren euch? Sammelt in der Klasse, macht eine Grafik und sprecht darüber.

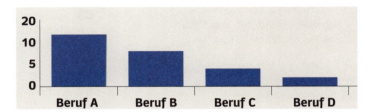

2 Projekt Ausbildungsmesse

a Sucht im Internet Informationen über eine Ausbildungsmesse in eurer Region.

b Sammelt Informationen zu dem Programm. Arbeitet in Gruppen.
- Ort, Datum
- interessante Berufe
- interessante Vorträge
- interessante Firmen
- Sonstiges

c Präsentiert euer Ergebnis in der Klasse.

> *Wir finden den Beruf ... interessant.*
> *Dazu gibt es auf der Messe Veranstaltungen: ...*
> *Die Messestände zu Beruf ... sind in ...*
> *Es gibt auch viele Firmen: ...*
> *Man kann auch mit ... sprechen.*
> *Es gibt auch ...*

3 Plant mit eurem Lehrer / eurer Lehrerin einen Besuch auf der nächsten Ausbildungsmesse in eurer Region.

Schritte PLUS NEU Materialien für berufsbildende Schulen

Erfolg beim Vorstellungsgespräch

**Band 3
Lektion 6**

1 Tipps für ein erfolgreiches Vorstellungsgespräch

a Was passt? Überfliege den Text und ordne zu.

Warum haben Sie sich beworben?
Kennen Sie Ihre Stärken?
~~Blickkontakt~~
Ihre Schulzeit
Jetzt fragen Sie
Die richtige Kleidung
Der erste Eindruck ist entscheidend
So nicht!
Kennen Sie den Betrieb?
Ihre Interessen
Das Gespräch geht zu Ende
Es ist wichtig, sich kennenzulernen

So wird Ihr Vorstellungsgespräch ein Erfolg

_____
Sie haben einen Termin für ein Vorstellungsgespräch bekommen? Ein gutes Zeichen, denn das bedeutet, dass man sich in der Personalabteilung für Ihre Bewerbung interessiert. Nun ist es wichtig, auch weiterhin einen guten Eindruck zu machen. Dafür sollten Sie ein paar Dinge beachten. Denn: Für den ersten Eindruck gibt es keine zweite Chance.

_____
Einen wichtigen Tipp gleich am Anfang: Seien Sie ruhig und nicht nervös. Das funktioniert am besten, wenn Sie sich ganz natürlich benehmen. Denken Sie daran, dass Ihr zukünftiger Chef Sie einfach besser kennenlernen möchte. Er möchte sicher sein, dass Sie und der Betrieb gut zusammenpassen.

_____
Unpünktlichkeit oder Handyklingeln während des Gesprächs bringen Minuspunkte. Antworten Sie auf alle Fragen.

Blickkontakt
Während des gesamten Gesprächs sollten Sie höflich und zurückhaltend sein, aber auch Selbstbewusstsein zeigen. Sehen Sie nicht auf den Boden oder an die Wand, schauen Sie Ihren Gesprächspartner an.

_____
Zeigen Sie, dass Sie sich für den Betrieb interessieren. Darum sollten Sie sich vorher möglichst genau informieren. Sie sollten zum Beispiel wissen, wie viele Beschäftigte die Firma hat, welche Produkte sie herstellt oder welche Dienstleistungen sie anbietet. Solche Informationen finden Sie oft auf der Internetseite der Firma.

_____
Ganz sicher fragt man Sie, warum Sie sich für eine Ausbildung in diesem Betrieb interessieren. Darüber sollten Sie sich also vorher nachdenken. Auch über Ihre Erwartungen an die Ausbildung sollten Sie nachdenken. Diese sollten Sie aber erst nennen, wenn man Sie danach fragt.

Schritte PLUS NEU Materialien für berufsbildende Schulen
Erfolg beim Vorstellungsgespräch

Band 3 — Lektion 6

___

Das Thema Schule wird natürlich angesprochen. Erzählen Sie nur Positives und berichten Sie von den Fächern und Aktivitäten, die Sie interessiert haben. Auch wenn Sie nach Praktika und Berufserfahrung gefragt werden, sollten Sie Positives betonen. Was hat Ihnen gefallen? Was haben Sie gelernt?

___

Betonen Sie Ihre Stärken: Was können Sie besonders gut? Was fällt Ihnen leicht? Was finden andere an Ihnen positiv? Natürlich dürfen Sie auch über Ihre Schwächen sprechen. Aber versuchen Sie auch hier, einen positiven Eindruck zu hinterlassen: Sagen Sie, was Sie dagegen tun.

___

Auch Ihre Freizeit interessiert den Arbeitgeber. Was sind Ihre Hobbys? Machen Sie Sport? Das alles gehört mit zu Ihrer Persönlichkeit.

___

Sie dürfen auch selbst Fragen stellen. Bereiten Sie ein paar Fragen zum Betrieb vor. Am besten spezielle Fragen zu Ihrem Job in der Firma. Auch nach Urlaubstagen und Gehalt dürfen Sie jetzt fragen. Überlegen Sie, was Sie interessiert, und schreiben Sie es auf.

___

Diese Frage haben alle: Was soll ich anziehen? Ganz einfach: nicht zu lässig und nicht zu elegant. Kapuzen-Shirt und bauchfreies Top bleiben also lieber im Schrank. Aber man muss sich auch keinen Anzug und kein Kostüm für diesen Termin kaufen. Die Kleidung sollte sauber und gebügelt sein.

___

Das Gespräch ist vorbei. Fragen Sie bei der Verabschiedung, wann Ihnen die Entscheidung der Firma mitgeteilt wird. Und bedanken Sie sich für die Einladung zum Gespräch.

b Lies den Text nun genau und markiere in verschiedenen Farben: Was solltest du tun (grün)? Was solltest du vermeiden (rot)?

c Formuliere zehn Regeln für ein Vorstellungsgespräch. Formuliere dabei alles, was du vermeiden solltest, positiv.

> negativ: Unpünktlichkeit bringt Minuspunkte.
> → positiv: Man sollte pünktlich kommen.

Schritte PLUS NEU Materialien für berufsbildende Schulen

Erfolg beim Vorstellungsgespräch

Band 3 — Lektion 6

2 Wer sagt das? Ordnen Sie in einer Tabelle.

> Erzählen Sie mir etwas über Ihre Schulzeit. • Was wissen Sie über unser Unternehmen? •
> Wie läuft die Ausbildung genau ab? • Warum interessieren Sie sich für diese Ausbildung? •
> Wie viele Azubis hat der Betrieb? • Wie sind die Arbeitszeiten geregelt? •
> In welchen Abteilungen arbeite ich? • Was sind Ihre Stärken? •
> Wie haben Sie sich auf dieses Gespräch vorbereitet? • Was erwarten Sie von der Ausbildung? •
> Wann kann ich mit Ihrer Entscheidung rechnen? •
> Vielen Dank für die Einladung zu diesem Gespräch. • Welche Hobbys haben Sie? •
> Warum haben Sie sich gerade bei uns beworben? •
> Warum denken Sie, dass dieser Beruf für Sie geeignet ist? •
> Wie verstehen Sie sich mit Ihren Mitschülern? • Wie hoch ist die Ausbildungsvergütung? •
> Wie sind die Chancen, nach der Ausbildung eine feste Stellung zu bekommen?

Personalchef/-in	Bewerber/-in
Erzählen Sie mir etwas über Ihre Schulzeit.	

3 Kennst du deine Stärken? Notiere und finde jeweils ein Beispiel dazu.

> **Meine Stärken**
> Ich kann gut organisieren: Ich habe unser letztes Klassenfest vorbereitet.
> Ich kann ...

Schritte PLUS NEU Materialien für berufsbildende Schulen
Erfolg beim Vorstellungsgespräch

**Band 3
Lektion 6**

4 Schreib mit deiner Partnerin / deinem Partner ein Vorstellungsgespräch. Die Beispiele in Aufgabe 2 helfen dir. Überlege zuerst, bei was für einer Firma das Gespräch stattfindet, und schreib auch einen Steckbrief der Firma. Spielt eure Gespräche vor.

> Firmensteckbrief:
> WeltKüche Catering-Service GmbH
> seit 1988
> 35 Mitarbeiter
> beliefert Firmen und Veranstaltungen mit internationalen warmen und kalten Speisen
> sucht Azubis als Koch/Köchin und Buchhalter/-in
> Personalchef: Herr Küster

- ▲ Guten Tag, Frau/Herr …, bitte kommen Sie doch herein!
- ▼ Guten Tag, Herr Küster.
- ▲ Nehmen Sie Platz. Darf ich Ihnen etwas zu trinken anbieten? Einen Kaffee oder ein Glas Wasser?
- ▼ Einen Kaffee nehme ich gern, vielen Dank.
- ▲ Bitte sehr. … Ja, Frau/Herr …, wir haben Sie eingeladen, weil Ihre Bewerbung bei uns auf großes Interesse gestoßen ist. Jetzt würden wir Sie gern noch etwas besser kennenlernen. …

5 Geh auf die Webseite www.planet-beruf.de und schaue das Video eines Vorstellungsgesprächs an. Versuche, die Fragen zum Video zu beantworten.

Schritte PLUS NEU — Materialien für berufsbildende Schulen
Ehrenamt

Band 3, Lektion 7

1 Ehrenamt: Drei Personen berichten.

a Lies die Texte. Wer sagt das? Kreuze an.

Ich heiße Martin und bin ehrenamtlich bei der Jugendfeuerwehr Elbsberg. Wir sind zwölf Jugendliche zwischen 14 und 17 und treffen uns einmal pro Woche, immer am Abend für zwei Stunden. Da lernen wir alles, was bei der Feuerwehr wichtig ist: Nicht nur Feuer löschen, auch Erste Hilfe und die ganze Technik. Manchmal machen wir eine Übung mit echtem Feuer. Das finde ich spannend.
Und wir machen viel Sport und andere Aktionen. Natürlich feiern wir auch oft und haben viel Spaß in der Gemeinschaft.

Mein Name ist Lotte Frank, und hier auf dem Bild bin ich zusammen mit Ali. Ali ist seit einem Jahr in Deutschland, und ich helfe ihm zweimal pro Woche mit den Hausaufgaben. In Mathe und Englisch ist er ziemlich gut, aber mit Deutsch hat er noch Probleme. Aber er wird schnell besser. Manchmal spreche ich auch mit seinen Lehrern. Das hilft mir, denn ich verstehe besser, was die Schüler heute lernen müssen.
Ich finde es schön, wenn ich ihm bei Sorgen und Problemen helfen kann. Und wenn wir Spaß haben und uns über eine gute Note freuen.
Ich hoffe, ich kann dieses Ehrenamt noch lange machen, denn ich habe eine echte Aufgabe und fühle mich jung.

Ich bin Maria Siebert und studiere Ökonomie an der Universität Leipzig. In den letzten Semesterferien war ich acht Wochen in Taiwan. Dort habe ich ehrenamtlich an einer Schule gearbeitet, in einer ärmeren Region südlich von Taipeh. Dort muss oft die ganze Familie arbeiten, und die Leute haben am Tag keine Zeit für ihre Kinder. Deshalb mussten viele Kinder bis zum Abend in der Schule bleiben. So wie ich auch, denn ich habe mich in dieser Zeit um sie gekümmert. Mein Unterrichtsfach war Englisch, und ich hatte Schüler von der ersten bis zur sechsten Klasse.
Ich war jeden Tag über zehn Stunden in der Schule. Ich bin glücklich, dass ich ich diese Erfahrung machen konnte.

	Martin	Lotte	Maria
1 Ich finde echte Übungen mit Feuer gut.	☐	☐	☐
2 Gespräche mit Lehrern sind wichtig für mich.	☐	☐	☐
3 Ich habe Schüler aus verschiedenen Klassen unterrichtet.	☐	☐	☐
4 Ich möchte noch lange ehrenamtlich arbeiten.	☐	☐	☐
5 Ich habe von morgens bis abends gearbeitet.	☐	☐	☐
6 Mein Ehrenamt ist immer am Abend.	☐	☐	☐
7 Zu meinem Ehrenamt gehören auch Sport und Spaß.	☐	☐	☐
8 Das war für mich eine gute Erfahrung.	☐	☐	☐

Schritte PLUS NEU Materialien für berufsbildende Schulen
Ehrenamt

Band 3
Lektion 7

b Notiere weitere Informationen.

	Martin	Lotte	Maria
1 Welches Ehrenamt?			
2 Wie lange?			
3 Wie oft?			
4 Für wen? / Mit wem?			
5 weitere Informationen			

2 Ehrenamt in Deutschland

a Lies den Text und notiere Informationen. Arbeite mit dem Wörterbuch.

> Mehr als 23 Millionen Deutsche über 14 haben ein Ehrenamt. Sie engagieren sich für andere Menschen und für die Umwelt, sie machen Kulturarbeit oder sind im sozialen Bereich aktiv. Ehrenamtliche machen Stadtfeste oder Sportveranstaltungen möglich, sie helfen Kindern und Senioren, sie unterstützen Migranten bei der Integration. In Vereinen, Kirchen und politischen Organisationen gibt es viele Angebote nur durch ehrenamtliche Mitarbeit.

1 In welchen Bereichen helfen sie?
   _____

2 Welche konkreten Beispiele stehen im Text?
   _____

3 In welchen Organisationen helfen Ehrenamtliche?
   _____

b Welche Ehrenämter gibt es in eurer Stadt / Region? Sucht im Internet und sammelt Informationen in der Klasse.

3 Projekt: Gespräch mit einem ehrenamtlichen Helfer

a Ladet einen ehrenamtlichen Helfer in eure Klasse ein.

b Überlegt euch Fragen an den Helfer.
   – Wie heißt die Organisation?
   – Was macht er/sie?
   – Wann / wie oft?
   – Mit wem?
   – Für wen?
   – ...

c Sprecht mit dem Helfer über sein Ehrenamt in der Klasse.

Schritte PLUS NEU Materialien für berufsbildende Schulen

Sich im Internet informieren: Freizeitangebote

**Band 4
Lektion 8**

1 Was machst du gern in deiner Freizeit? Kreuze an.

☐ Bücher und Zeitschriften lesen
☐ Fernsehen und DVDs schauen
☐ Freunde treffen
☐ im Internet surfen (Handy, Computer)
☐ Musik hören
☐ Musik machen
☐ nichts tun
☐ Sport
☐ _____
☐ _____

2 Was macht ihr gern in eurer Freizeit?

  a Macht eine Umfrage in der Klasse und notiert die Ergebnisse.
  b Sprecht über die Ergebnisse in der Klasse.

> 5 Schüler machen gern Sport.

> Fast alle …

3 Freizeitangebote in unserer Stadt / Region

  a Mit welchen Suchwörtern kannst du Freizeitangebote im Internet finden? Kreuze an.

   ☐ Freizeitangebote für Jugendliche …
   ☐ Kinoprogramm in …
   ☐ Was ist los in …
   ☐ Surftipps im Internet

  b Probiere verschiedene Suchwörter aus. Notiere und vergleiche mit deiner Partnerin / deinem Partner.

   Name der Webseiten _____
   Interessante Webseiten _____
   Interessante Informationen _____

  c Welche Freizeitangebote passen zu eurer Umfrage? Sprecht in der Klasse und macht eine Liste.

> Sport: Sonntag Nachmittag SV Traunstedt – Lamsteiner FC, Max-Meyer-Stadion
>
> Musik: Die Band Shanghai Takeaway, …

© irisblende

Schritte PLUS NEU, Materialien für berufsbildende Schulen © Hueber Verlag, Autor: Andreas Tomaszewski

Schritte PLUS NEU Materialien für berufsbildende Schulen

Sich im Internet informieren: Freizeitangebote

**Band 4
Lektion 8**

4 Gruppenarbeit: Freizeitangebote in …

a Wo möchtet ihr gern einmal hinfahren? Wählt eine Stadt oder Region in Deutschland aus.

„Unsere" Stadt / Region _____

b Sucht spezielle Angebote für junge Leute im Internet.

c Überlegt in der Gruppe: Was wollen wir machen? Wohin wollen wir gehen? Notiert.

_____
_____

d Freizeitangebote in … . Macht eine Liste.

Freizeitaktivität	Wo?	Wann?

e Präsentiert euer Ergebnis im Kurs.

> *In … wollen wir … gehen / besuchen / besichtigen / sehen.*
> *… ist interessant / toll / prima.*
> *Uns gefällt ein Besuch in / bei / am …*
> *Das gefällt uns am besten: …*

Schritte PLUS NEU Materialien für berufsbildende Schulen
Junge Volkshochschule

**Band 4
Lektion 8**

1 Kurse an der Volkshochschule

a Lies das Kursprogramm. Was lernst du in welchem Kurs? Notiere die Kursnummer.

Filme machen	JM 99312
zeichnen	_____
Theater spielen	_____
kochen	_____
sich schminken	_____

A
Was ist ein gutes Make-up? Welche Farben passen zu meinem Teint? Welche Farbe soll der Lippenstift haben? In diesem Kurs gibt euch eine junge Stylistin Antworten und gibt euch Profi-Tipps. Dazu gibt es eine Anleitung für die richtige Haut- und Haarpflege (nur für Frauen).
Bitte mitbringen: Spiegel und Schminksachen
EV 78532
Mittwoch, 12.11.20.. 15.00–19.30 Uhr
VHS-Raum 102/I, Theodor-Heuss-Platz 3
Leitung: Sabine Sauer, Stylistin
Gebühr: 29,– € (inkl. Material)

B
Nicht lange überlegen! Schnell auf neue Situationen reagieren. Direkt. Spontan. Authentisch. „Manchmal-nicht-Wissen" und „Manchmal-nicht-Können" gehören bei dieser Form des Theaterspielens genauso dazu wie spontanes Reagieren auf die Mitspieler. Wer gern auf der Bühne steht, ist herzlich willkommen.
Bitte mitbringen: bequeme Kleidung/Schuhe
EM 34321
Samstag/Sonntag, 10./11.1.20.. 10.00–18.00 Uhr
VHS-Raum 303/III, Theodor-Heuss-Platz 3
Leitung: Tobias Trautz, Schauspieler
Gebühr: 43,– € (ermäßigte Kursgebühr)

C
Liest du gern Comics und Cartoons und möchtest gern selbst mal einen gestalten? In diesem Workshop lernst du alle Schritte kennen von der ersten Idee bis zum fertigen Comic. Lustig oder spannend, es gibt viele Möglichkeiten. Wir entwickeln Figuren und Geschichten und lernen viel über Zeichnen und Farbgebung.
Bitte mitbringen: Zeichenpapier
EG 12943
3 x Freitag, 17./24./31.10.20.. 14.00–17.00 Uhr
VHS-Raum 209/II, Theodor-Heuss-Platz 3
Leitung: Stefan Hass, Autor und Zeichner
Gebühr: 39,– € (ermäßigte Kursgebühr)

D
Endlich weg von zu Hause, aber nichts Richtiges zu essen – dass muss nicht sein. Also runter vom Sofa und ran an den Herd! Kann ich nicht, gibt´s nicht! Hier lernt ihr die Grundlagen für Küche und Kochen: von A wie Auflauf bis Z wie Zucchini, von der Einkaufsliste bis zum fertigen Menü – und das für wenig Geld. Gemeinsam leckere und gesunde Gerichte kochen und essen macht richtig Spaß!
Bitte mitbringen: Schürze, Geschirrtuch
GZ 20523
Sonntag, 8.2.20.. 10.00–16.00 Uhr
VHS-Raum 209/II, Theodor-Heuss-Platz 3
Leitung: Daniela Schütz, Hauswirtschafterin
Gebühr: 22,– € (zzgl. Materialgeld 10,– €)

E
In diesem Kurs lernt ihr in praktischen Übungen, wie ihr eigene Videos für Youtube & Co produzieren und veröffentlichen könnt.
Kursinhalt: Überspielen von Videoaufnahmen von der Digitalkamera oder dem Handy auf den Computer, Speichern und Konvertieren von Clips, kostenlose Schnittprogramme und ihre Bedienung, technische Grundlagen der Videobörse Youtube, Videos auf der eigenen Webseite einstellen.
Voraussetzung: PC-Grundkenntnisse
JM 99312
2 x Montag 9./16.3.20.. 15.00–18.00 Uhr
VHS-Raum 100/I, Theodor-Heuss-Platz 3
Leitung: Helmut Delling
Gebühr: 45,– € (ermäßigte Kursgebühr)

Schritte PLUS NEU Materialien für berufsbildende Schulen
Junge Volkshochschule

Band 4
Lektion 8

b Was passt wo? Ordne die Texte aus a zu.

☐ Comics und Cartoons selbst zeichnen

☐ Videoschnitt für Youtube & Co

☐ Einmal aussehen wie ein SUPERSTAR

☐ Schnell reagieren – Improvisationstheater für junge Leute

☐ „Cool cooking" für junge Leute

c Wie bist du auf die Lösung gekommen? Markiere wichtige Wörter im Kursprogramm. Vergleiche mit deiner Partnerin / deinem Partner. Überlegt zusammen: Worauf achtest du, wenn du ein Kursprogramm liest? Welche Informationen sind wichtig? Was muss man verstehen? Was ist nicht so wichtig?

2 Welchen Kurs würdest du gern besuchen? Füll das Anmeldeformular aus.

Kursnummer:	
Kursname:	
Kursgebühr: _____	Kursort: _____
Tag: _____	Zeit: _____

Anrede:	☐ Frau	☐ Herr
Nachname:		
Vorname:		
E-Mail: _____	Geburtsjahr: _____	
Straße:		
PLZ/Ort:		
Telefon (priv):		

IBAN:

3 Erzähle: Warum interessierst du dich für diesen Kurs?

> Ich würde gern ... besuchen, weil ...

> Ich interessiere mich für das Zeichnen und würde gern am Comic-Kurs teilnehmen.

4 Projekt: Besorge ein Volkshochschulprogramm in deiner Stadt / in einer Stadt in der Nähe. Gibt es dort Angebote für Jugendliche? Was interessiert dich? Stell die Angebote im Kurs vor.

Schritte PLUS NEU — Materialien für berufsbildende Schulen
Anlaufstelle Jugendzentrum

Band 4 — Lektion 8

1 Such im Internet die Begriffe „Mando" und „Beatbox". Schaut euch einen oder zwei Filme an und sprecht im Kurs: Was macht Mando? Wie findest du das?

2 HipHop-Stützpunkt in Berlin – ein besonderes Jugendzentrum. Lies und kreuze an: richtig oder falsch?

HipHop-Stützpunkt in Berlin

In Berlin gibt es den HipHop-Stützpunkt in der Marienburger Straße 16. Mehrere Leute haben ihn gegründet, unter anderem DJ Mesia (eigentlich: Matthias Hartmann). Dieser erklärt, was dieses Jugendzentrum so besonders macht. Hier sollen die Jugendlichen nämlich nicht einfach nur ihre Freizeit verbringen. Sie sollen ihre Zeit hier auch für interessante Projekte nutzen können. Deshalb gibt es im Stützpunkt zum Beispiel ein Tonstudio und einen Videoschnittplatz.

Viele Jugendliche haben geholfen, den Stützpunkt zu renovieren. Jetzt können sie hier ihre Freizeit verbringen. Mit Beatboxing zum Beispiel. Das kann eigentlich jeder lernen, wenn er sich dafür interessiert. Seit Jahren veranstaltet DJ Mesia Musik-Workshops für Jugendliche. Er hat damit in einem Jugendzentrum in Berlin Köpenick angefangen. Deshalb ist er auch in dem Dokumentarfilm „Love, Peace & Beatbox" zu sehen. Der Film stellt die Lebenswelt von Beatboxern in Berlin vor. Auch Mando und seine Band, die 4xsample Crew, sind in dem Film dabei. Mando veranstaltet heute, wie DJ Mesia, Workshops für Jugendliche.

Der Stützpunkt in der Marienburger Straße soll auch eine Anlaufstelle für kreative Jugendliche sein, die sonst keine Chance bekommen – zum Beispiel, weil ihre Noten für einen Ausbildungsplatz nicht gut genug sind.

		richtig	falsch
a	Der HipHop-Stützpunkt ist eine Musikschule.	☐	☐
b	Dort können Jugendliche auch eine Ausbildung machen.	☐	☐
c	Beatboxing kann jeder lernen.	☐	☐
d	„Love, Peace & Beatbox" ist ein Film über Beatboxer.	☐	☐
e	In Workshops können Jugendliche das Beatboxing lernen.	☐	☐

3 Lies die Informationen zum Stichwort „Jugendzentrum". Was kann man dort machen? Notiere.

Jugendzentrum

Öffentliche Einrichtung der Jugendarbeit, auch Jugendcafé, Jugendtreff oder Jugendclub genannt. Dort gibt es spezielle Freizeitangebote und Programme für Jugendliche wie zum Beispiel Discos und Konzerte. Man kann Leute treffen und Tischtennis oder Billard spielen. Meist gibt es auch einen Proberaum für Schülerbands.
Die meisten Jugendzentren werden von der Stadt oder der Gemeinde bezahlt.

Schritte PLUS NEU Materialien für berufsbildende Schulen

Anlaufstelle Jugendzentrum

**Band 4
Lektion 8**

4 Warst du schon einmal in einem Jugendzentrum? Was kann man dort alles machen? Erzähle.

5 Was findest du an einem Jugendzentrum gut? Kreuze an und vergleiche mit deiner Partnerin / deinem Partner.

Mir gefällt, dass
- ☐ jeder im Jugendzentrum willkommen ist.
- ☐ man dort neue Freunde finden kann.
- ☐ man dort viele verschiedene Sachen machen kann.
- ☐ sich die Betreuer für junge Menschen interessieren.
- ☐ man dort günstig seine Freizeit verbringen kann.
- ☐ dort Kinder und Jugendliche zusammen aktiv sind.
- ☐ es in manchen Jugendzentren einen „Mädchentag" gibt. Dann dürfen nur Mädchen kommen.
- ☐ viele Jugendzentren ein Ferienprogramm haben.
- ☐ die meisten Jugendzentren bis 20.00 Uhr oder sogar 22.00 Uhr geöffnet haben.
- ☐ man dort Hilfe bekommt, wenn man Hilfe braucht.

6 Suche im Internet oder informiere dich bei Freunden: Wo gibt es ein Jugendzentrum in deiner Nähe? Welche Aktivitäten gibt es in diesem Jugendzentrum?

Schritte PLUS NEU — Materialien für berufsbildende Schulen
Exportnation Deutschland

Band 4, Lektion 9

1. Lies die Überschrift des Textes (Aufgabe 2) und schau dir das Foto an. Worum geht es? Was weißt du über das Thema? Sprecht im Kurs.

2. Was ist deiner Meinung nach richtig? Kreuze an. Lies dann den Text und überprüfe deine Antworten. Markiere die entsprechenden Stellen im Text.

   a Wer exportiert weltweit die meisten Waren in andere Länder?
   ☐ Deutschland ☐ China ☐ USA

   b Was wird am meisten von Deutschland in andere Länder exportiert?
   ☐ Textilien ☐ Autos und Maschinen ☐ Nahrungsmittel

   c Was wird am meisten nach Deutschland importiert?
   ☐ Autos und Maschinen ☐ Lebensmittel ☐ Erdöl und Erdgas

Deutschland weiterhin Top im Export

Deutschland ist seit Jahren stark im Export: Nach China und den USA liegt die deutsche Wirtschaft weiterhin auf Platz 3. Im vergangenen Jahr haben deutsche Unternehmen Waren im Wert von über 1000 Milliarden Euro exportiert. Die exportstärkste Branche ist mit einem Anteil von rund 20 Prozent die Automobilindustrie, danach kommen der Maschinenbau (ca. 15 %) und die Chemieindustrie (ca. 14 %). Rund 75 Prozent der Waren liefert die deutsche Industrie in europäische Länder.

Importieren dagegen muss Deutschland Rohstoffe wie Erdöl und Erdgas. Elektronische Geräte wie Smartphones kommen aus asiatischen Ländern und Lebensmittel wie Obst und Gemüse aus Holland oder Spanien. Neben der Europäischen Union sind die beiden größten Exportnationen China und USA wichtige Handelspartner für Deutschland.

Auch wenn Waren „made in Germany" in der Welt gefragt sind: Die Industrie spielt mit ihren Produkten eine immer kleinere Rolle. Dieser Bereich macht nur etwa ein Viertel des Bruttoinlandsprodukts (BIP) aus – dem Wert aller Waren und Dienstleistungen, die in einem Jahr produziert werden. Der Dienstleistungssektor ist mit knapp 70 Prozent stärkster Bereich: Im Handel, bei Banken und Versicherungen sowie im Gesundheits- und Sozialbereich arbeiten mittlerweile die meisten Menschen.

Schritte PLUS NEU Materialien für berufsbildende Schulen

Exportnation Deutschland

**Band 4
Lektion 9**

3 Was ist richtig? Finde die Antworten im Text (Aufgabe 2) und kreuze an.

a Welche Länder sind wichtige Handelspartner Deutschlands?

☐ Frankreich
☐ die EU
☐ Japan
☐ China
☐ USA
☐ Kanada

b Was ist der wichtigste Wirtschaftsbereich in Deutschland?

☐ Landwirtschaft
☐ Dienstleistungen
☐ produzierendes Gewerbe
☐ Rohstoffe

c Welche Branchen produzieren Dienstleistungen?

☐ Automobilindustrie
☐ Handel
☐ Chemische Industrie
☐ Versicherungen
☐ Gastronomie

d Welche Branchen produzieren Produkte?

☐ Chemische Industrie
☐ Banken
☐ Elektroindustrie
☐ Lebensmittelindustrie
☐ Maschinenbau

e Was bedeutet „Bruttoinlandsprodukt" (BIP)

☐ Wert der Waren, die ein Unternehmen in einem Jahr produziert hat.
☐ Wert aller Waren und Diensleistungen einer Firma in einem Jahr.
☐ Was in einem Land insgesamt (Waren und Dienstleistungen) in einem Jahr produziert wurde.

4 Was weißt du über die Wirtschaft an deinem Wohnort? Gibt es dort große oder bekannte Industrieunternehmen oder Firmen im Dienstleistungssektor? Informiere dich und berichte in der Klasse.

Schritte PLUS NEU Materialien für berufsbildende Schulen

Berufe in der Informations- und Telekommunikationsbranche

Band 4 · Lektion 10

1 Was machen Menschen mit diesen Berufen? Ordne zu. Arbeite auch mit dem Wörterbuch.

a Industrietechnologe/Industrietechnologin Nachrichtentechnik

b IT-System-Elektroniker/-in

c Kaufmann/Kauffrau im Einzelhandel

d Servicefachkraft für Dialogmarketing

e Systeminformatiker/-in

1 Plant und installiert Systeme aus der Informationstechnik. Kümmert sich um die Systeme und hilft bei Problemen. Arbeitet zum Beispiel bei Telekommunikationsfirmen.

2 Hilft am Telefon Kunden, wenn diese etwas bestellen möchten oder eine Beschwerde haben. Arbeitet zum Beispiel in einem Call-Center.

3 Findet Lösungen für Nachrichten- und Vermittlungstechnik. Arbeitet für Firmen: Diese produzieren zum Beispiel Telefone, Radios oder Fernseher.

4 Realisiert industrielle informationstechnische Systeme. Kümmert sich um diese Systeme und hilft bei Problemen und Störungen. Arbeitet zum Beispiel für Softwarefirmen.

5 Hilft Kunden mit Fragen zu Handys und Handy-Verträgen und mit Fragen zu Telefon und Internet. Arbeitet zum Beispiel in einem Geschäft.

2 Fünf junge Menschen sprechen über ihren Beruf.

a Lies die Begriffe in den Kästen. Arbeite – wenn nötig – mit dem Wörterbuch.

> Kauffrau im Einzelhandel • IT-System-Elektroniker • Systeminformatiker • Industrietechnologe für Nachrichtentechnik • Servicefachkraft für Dialogmarketing

> zwei Jahre • zwei Jahre • drei Jahre • drei Jahre • dreieinhalb Jahre

> Energiefirma • Handy-Hersteller • Service-Hotline • Geschäft einer Telekommunikationsfirma • Autohersteller

> hilft bei Problemen mit der Hardware vom Mobiltelefon • hilft Kunden mit ihren Handy-Verträgen • realisiert informationstechnische Systeme • telefoniert mit Kunden und hilft bei Bestellungen oder Beschwerden • hilft Kunden bei Problemen mit ihrem Computernetzwerk

b Lies die Texte und ergänze die Tabelle.

	Welche Ausbildung?	Wie lange dauert die Ausbildung?	Wo arbeitet er/sie?	Was macht er/sie?
Robert				
Sascha				
Leonie				
Jennifer				
Murat				

Schritte PLUS NEU Materialien für berufsbildende Schulen
Berufe in der Informations- und Telekommunikationsbranche

Band 4 Lektion 10

Robert:
Ich bin schon 24 Jahre alt. Deshalb ist es gut für mich, dass die Ausbildung zum Industrietechnologen für Nachrichtentechnik nicht so lang dauert, nur zwei Jahre. Meine Ausbildung mache ich bei einem Handy-Hersteller. Das ist sehr interessant, denn die Produkte haben immer die neueste Technik. Wir entwickeln gerade Teile für ein neues Smartphone, und ich bin Teil des Teams. Das finde ich toll.

Sascha:
Ich bin ausgebildeter IT-System-Elektroniker. Jetzt arbeite ich in einer Energiefirma. Ich helfe unseren Kunden, wenn sie Probleme mit ihrem Computernetzwerk haben. Ein Beispiel: In einem Krankenhaus hat das Netzwerk nicht mehr richtig funktioniert. Ich habe Steckverbindungen kontrolliert. Ein paar waren kaputt. Ich habe neue Teile eingebaut. Dann war wieder alles in Ordnung. Probleme lösen, das mag ich an meinem Beruf. Auch die Ausbildung hat mir Spaß gemacht. Sie hat drei Jahre gedauert.

Leonie:
Ich mache eine Ausbildung zur Kauffrau im Einzelhandel. Die Ausbildung dauert drei Jahre. In der Berufsschule lernen wir viel über Datenverarbeitung, zum Beispiel: Wie funktionieren Text- und Tabellenprogramme? Wir lernen auch viel über Datenübertragung.
Mein Ausbildungsbetrieb ist eine Telekommunikationsfirma. Ich arbeite in einem Laden und habe viel Kundenkontakt. Ich helfe ihnen zum Beispiel mit ihren Handy-Verträgen oder informiere sie über unsere Serviceangebote.

Jennifer:
Vor einem Jahr habe ich meine Ausbildung zur Servicefachkraft für Dialogmarketing beendet. Die Ausbildung hat zwei Jahre gedauert. Das ist ein Jahr kürzer als die Ausbildung zur Kauffrau für Dialogmarketing. Jetzt arbeite ich für eine Firma an der Service-Hotline für den Inbound-Bereich. Das bedeutet, dass die Kunden mich anrufen. Sie möchten etwas bestellen oder sich beschweren. Das ist manchmal anstrengend, wenn ein Kunde unhöflich ist. Deshalb möchte ich nächstes Jahr lieber im Outbound-Bereich arbeiten. Dort rufe ich selbst die Kunden an, mache mit ihnen Termine und verkaufe ihnen Produkte.

Murat:
Ich bin in meinem zweiten Jahr in der Ausbildung zum Systeminformatiker. Die Ausbildung dauert insgesamt dreieinhalb Jahre. Ich wollte schon immer in der Autoindustrie arbeiten. Jetzt helfe ich dabei, für einen großen Autohersteller informationstechnische Systeme zu realisieren. Ich fahre auch mit zu unserem Kunden und kümmere mich um die Systeme dort. Das macht mir großen Spaß und ich kann sehr viele interessante Sachen lernen.

3 Welche von diesen Ausbildungen findest du interessant und welche nicht? Warum? Kennst du jemanden mit diesem Beruf? Was sagt er/sie darüber? Erzähle in der Klasse.

Schritte PLUS NEU — Materialien für berufsbildende Schulen
Berufsbilder: Computer und Kommunikationstechnik

Band 4 — Lektion 10

1 Ausbildung zum Fachinformatiker
Lies die Texte und ordne sie in der richtigen Reihenfolge.

Beruf: Fachinformatiker
Ausbildungsdauer: drei Jahre
Voraussetzung: mindestens Mittlere Reife, gute Mathematik- und Physikkenntnisse

Bernd, 19, 3. Ausbildungsjahr

A ☐ Das Problem am Computer des Kollegen ist gelöst, jetzt überprüfe ich die Lieferungen von heute. Das heißt, ich vergleiche den Lieferschein mit den Bestellungen. Heute sind es Festplatten. Auch mein Computer braucht mehr Speicher. Ich baue gleich eine neue Festplatte ein und installiere die Software.

B ☐ Nach der Mittagspause haben wir einen Termin in einer Firma. Dort müssen wir in zwei Büroräumen Kabel verlegen und vier neue PC-Arbeitsplätze mit dem Netzwerk verbinden. Wir schließen die Computer an und kontrollieren, ob alles funktioniert.

C [1] Mein Arbeitstag beginnt normalerweise um acht Uhr. Erst fahre ich meinen Computer hoch, dann checke ich die E-Mails mit meinen Aufgaben für den Tag. Alle Aufträge sind in einem zentralen System. Wenn zum Beispiel ein Kunde ein Problem mit seiner Software hat, dann bekommen wir eine Nachricht und können den Kunden direkt anrufen. Meine erste Aufgabe heute: Ich muss zu einem Kollegen. Der hat eine Fehlermeldung auf seinem PC!

D ☐ Um elf Uhr treffen sich meine Kollegen und ich zu einem Meeting, um aktuelle Aufgaben zu besprechen. Dort besprechen wir auch Fortschritte oder Probleme bei größeren Projekten. So wissen alle, wer gerade welche Aufgabe bearbeitet. Heute planen wir die Installation eines neuen EDV-Systems für einen Kunden.

E ☐ Ungefähr um fünf Uhr fahre ich meinen Computer herunter und beende meinen Arbeitstag. Manchmal wird es aber auch später.

F ☐ Wieder zurück im Büro logge ich mich in unser Azubi-Netzwerk ein. Dort haben wir Auszubildenden eine Homepage erstellt. Dort sammeln wir wichtige Informationen wie zum Beispiel Seminare oder Neuheiten auf dem Computermarkt. Heute aktualisiere ich die Dokumentation zum Installieren von Druckern.

Schritte PLUS NEU Materialien für berufsbildende Schulen
Berufsbilder: Computer und Kommunikationstechnik

Band 4
Lektion 10

2 Was macht ein Fachinformatiker?
Markiere in Aufgabe 1 und mach Notizen.

Probleme am Computer lösen

3 Ergänze die Verben in der richtigen Form.

> verlegen • installieren • herunterfahren • anschließen • erstellen •
> einbauen • einloggen • checken • hochfahren

a Bernd _____ um acht Uhr seinen Computer _____ und _____ seine E-Mails.

b Er _____ eine Festplatte in den Computer _____.

c Danach _____ er die Software für die Festplatte.

d Bei einem Kunden _____ er Kabel und _____ neue PCs _____.

e Später _____ er sich in das Azubi-Netzwerk _____. Dort hat er eine Homepage _____.

f Am Abend _____ er den PC wieder _____.

4 Was meinst du: Welche persönlichen Fähigkeiten braucht man als Fachinformatiker?

> kreativ • zuverlässig • Teamfähigkeit • kontaktfreudig • Geduld •
> tolerant • hilfsbereit • sachlich • flexibel • Belastbarkeit • …

Ich denke, ein Fachinformatiker braucht …, weil …

Als Fachinformatiker muss man bestimmt …

5 Könntest du dir auch vorstellen, Fachinformatikerin/Fachinformatiker zu werden? Was würde dir daran gefallen / nicht so gut gefallen? Warum denkst du, dass du für den Beruf (nicht) geeignet bist?

6 Interessierst du dich für Computerberufe? Recherchiere im Internet. Wähle einen Beruf aus und schreib einen kurzen Informationstext zu Tätigkeiten, schulischen Voraussetzungen, Ausbildungsdauer.

Automobilindustrie – Schlüsselindustrie

1 Welche deutschen Autos kennt ihr? Sprecht in der Klasse.

2 Wörter aus der Auto-Wirtschaft: Ordne zu.

a Die Industrie — ist ein Teil von der Industrie.

b Ein Industriezweig — ist ein Produkt mit einem bekannten Namen, zum Beispiel Nutella, Tempo, VW Golf.

c In einem Konzern → stellt mit Maschinen große Mengen von einem Produkt her.

d Ein Automobilzulieferer — werden Produkte (mit Maschinen) hergestellt.

e Eine Marke — liefert den Autoherstellern einzelne Bauteile und Fertigteile.

f In der Produktion — gibt es mehrere Firmen. Sie sind selbstständig, haben aber eine gemeinsame Leitung.

3 Lies und ergänze die Informationen auf Seite 58.

Die deutsche Autoindustrie – eine Schlüsselindustrie

Vor wenigen Wochen hat Christian Kaiser (20) seine Ausbildung zum Modellbaumechaniker beim Autokonzern Volkswagen beendet. Zur Belohnung hat er sich sein erstes Auto gekauft – einen VW Golf. Dieses Auto ist das beliebteste Auto in der deutschen Autogeschichte, besonders bei jungen Erwachsenen: Von jeder Modellgeneration hat der Wolfsburger Autokonzern mehrere Millionen Stück gebaut.

Deutschland ist ein Autoland: Die deutsche Autoindustrie stellt ca. 15 Millionen Fahrzeuge pro Jahr her. Damit ist Deutschland auf Platz vier der Autobauer. Nur in Japan, in den USA und in China werden mehr Wagen hergestellt. Jeder siebte Arbeitsplatz in Deutschland hat direkt oder indirekt mit der Autoproduktion zu tun. Mehr als 800 000 Arbeitnehmer arbeiten hier, circa 300 000 sind bei Zulieferern beschäftigt. Weitere Arbeitnehmer sind in Ingenieurbüros, als Autohändler, in Werkstätten und Tankstellen berufstätig. Damit ist die Autoproduktion der wichtigste Industriezweig in Deutschland.

Trotzdem gibt es auch Probleme, denn durch die Globalisierung bekommen die deutschen Autobauer Konkurrenz. In anderen Ländern ist die Produktion billiger, deutsche Autos – in Deutschland hergestellt – sind oft zu teuer. Nach Meinung von Experten werden in den nächsten Jahren vor allem Russland, China und Indien als Autohersteller immer wichtiger. In Asien gibt es ein großes Interesse an billigen Autos. Die können deutsche Firmen so günstig nicht herstellen. Manche Experten glauben deshalb, dass in Deutschland Arbeitsplätze verloren gehen könnten.

Christian Kaiser sieht da kein Problem. Er geht nach München zu BMW. Dort hat er nach seiner Ausbildung eine Stelle bekommen. „BMW ist eine gute Marke. Autos mit guter Qualität werden immer gekauft", meint der frischgebackene Mechaniker.

Schritte PLUS NEU Materialien für berufsbildende Schulen
Automobilindustrie – Schlüsselindustrie

Band 4
Lektion 11

a Wie viele Fahrzeuge werden pro Jahr hergestellt? _____

b Jeder _____ Arbeitsplatz in Deutschland ist mit der Autoindustrie verbunden.

c In welchen Bereichen arbeiten Arbeitnehmer für die Autoindustrie (2 Beispiele)?
_____   _____

d Was ist das Problem mit den deutschen Autos? _____
_____

e Welche Länder sind in der Autoproduktion in den kommenden Jahren wichtig?
_____

4 Berufe in der Autoindustrie

a Informiere dich im Internet über den Beruf „Modellbaumechaniker". Kreuze an.

1 Wie lange dauert die Ausbildung?
☐ 3 Jahre.   ☐ 3,5 Jahre.   ☐ 4 Jahre.

2 Welcher Berufstyp sollte man sein?
☐ Ein kaufmännischer Typ.   ☐ Ein sozialer Typ.   ☐ Ein handwerklicher Typ.

3 Was macht ein Modellbaumechaniker?
☐ Er stellt Autos aus Holz und Metall her.   ☐ Er stellt Modelle für Maschinen- und Motorenteile her.   ☐ Er zeichnet Maschinen.

b Die Autohersteller bieten noch viele andere Ausbildungen an. Was kannst du zum Beispiel bei VW auch werden? Wählt einen Beruf auf der Webseite und sammelt Informationen darüber. Stell den Beruf in der Klasse vor.

– Wie lange dauert die Ausbildung?

– Welche Kenntnisse brauchst du?

– Welche Aufgaben hast du in diesem Beruf?

5 Projekt: Kennst du Personen aus der Autoindustrie? Eine Kfz-Mechatronikerin / Einen Kfz-Mechatroniker oder eine Autoverkäuferin / einen Autoverkäufer zum Beispiel? Ladet diese Person in die Klasse ein und stellt Fragen. Macht vorher Notizen: Was möchtet ihr gern wissen?

– Warum wollten Sie Mechatroniker werden?
– Wo haben Sie Ihre Ausbildung gemacht?
– Was gefällt Ihnen an Ihrem Beruf?

Schritte PLUS NEU Materialien für berufsbildende Schulen

Verkehrs- und Logistikberufe

Band 4 — Lektion 11

1 Quiz: Was weißt du über das deutsche Verkehrsnetz? Kreuze an.

a In welcher Stadt ist der größte Handelshafen Deutschlands?
  ☐ Bremen   ☐ Rostock   ☐ Hamburg

b Welcher ist der größte deutsche Flughafen?
  ☐ Flughafen München   ☐ Flughafen Frankfurt/Main   ☐ Flughafen Leipzig

c Wie viele Tonnen Luftfracht und Luftpost werden pro Jahr auf diesem Flughafen bewegt?
  ☐ ca. 1 Million   ☐ ca. 2 Millionen   ☐ ca. 5 Millionen

d Wie lang sind Deutschlands Autobahnen insgesamt?
  ☐ ca. 12 000 Kilometer   ☐ ca. 120 000 Kilometer   ☐ ca. 1 200 Kilometer

e Wie viele Fahrzeuge sind auf den Autobahnen pro Tag durchschnittlich unterwegs?
  ☐ ca. 480 000 Fahrzeuge   ☐ ca. 4,8 Millionen Fahrzeuge   ☐ ca. 48 000 Fahrzeuge

f Wie lang ist das deutsche Schienennetz insgesamt?
  ☐ ca. 3 500 Kilometer   ☐ ca. 35 000 Kilometer   ☐ ca. 350 000 Kilometer

2 Lies die Texte auf dieser Seite und auf Seite 60 und notiere in der Tabelle.

Name	Berufsbezeichnung	Schulabschluss	Ausbildungsdauer	Aufgaben/Tätigkeiten
Erkan07	Fachkraft für Hafenlogistik			

Berufsforum

Mario124
Ich bin 17 und ich möchte einen Beruf im Bereich Reisen, zum Beispiel am Flughafen oder bei der Bahn. Wer von euch lernt einen interessanten Beruf und kann mir Tipps geben?

ANTWORTEN

Erkan07
Ich mache am Hamburger Hafen eine Ausbildung zur Fachkraft für Hafenlogistik. Der Hamburger Hafen ist sehr international: Ständig kommen Schiffe aus der ganzen Welt. Sie bringen elektronische Geräte, exotische Lebensmittel und vieles mehr.
Ich bin beim Beladen, Entladen und Lagern dabei. Wenn ein Schiff ankommt, beginnen wir mit den Kontrollen: Ist die Ladung vollständig? Sind die Frachtpapiere in Ordnung? Wir organisieren auch den Transport der Waren vom Schiff zum Lagerplatz. Als Hafenlogistiker arbeitest du draußen im Hafen, auf den Schiffen und im Büro. Langweilig ist es also nie. Aber wir arbeiten in Schichten; auch nachts und am Wochenende.
Übrigens: Die Ausbildung dauert drei Jahre und du brauchst einen Schulabschluss, mindestens Hauptschule. Die meisten in dem Beruf haben aber Mittlere Reife.

Schritte PLUS NEU Materialien für berufsbildende Schulen
Verkehrs- und Logistikberufe

**Band 4
Lektion 11**

ReiseFee

Ich habe meine Ausbildung auch am Hamburger Hafen gemacht. Ich bin Speditionskauffrau, offiziell Kauffrau für Spedition und Logistikdienstleistung. Jetzt arbeite ich am Frankfurter Flughafen. Ich bearbeite Aufträge von Kunden, die etwas per Luftfracht, also mit dem Flugzeug, verschicken wollen. Zum Beispiel organisiere ich, in welches Flugzeug die Fracht kommt. Ich fülle die Papiere aus und informiere den Kunden und den Empfänger darüber, wann die Ware wo ist. Vieles geht aber automatisch, denn jedes Paket hat einen Barcode.
Alles muss schnell gehen und ohne Probleme. Manchmal ist es daher ziemlich stressig, wenn nicht alles so funktioniert wie geplant. Die meisten Sachen gehen ins Ausland, deshalb muss ich oft auf Englisch E-Mails schreiben oder telefonieren.
Die Ausbildung dauert drei Jahre, und man braucht mindestens die Mittlere Reife. Die meisten Firmen nehmen aber nur Leute mit Abitur.

Trucker Number 1

Werde doch Lkw-Fahrer! Da bist du immer unterwegs! Ich arbeite für eine Spedition und bin in ganz Deutschland, Österreich und der Schweiz unterwegs, manchmal auch in Norditalien. Das Wichtigste ist, dass du gern fährst, klar, und nicht gleich nervös wirst, wenn der Verkehr nicht fließt. Wenn man einen festen Termin bei einem Kunden hat und im Stau steht, das kann schon stressig sein.
Du musst lange sitzen können. Und du bist manchmal ein paar Tage nicht zu Hause. Ich selbst finde es aber toll, es ist ein super Gefühl der Freiheit. Die Ausbildung heißt „Berufskraftfahrer/-in" und dauert drei Jahre. Der Hauptschulabschluss reicht vollkommen. Und du kannst die Ausbildung schon mit 17 Jahren beginnen. Später kannst du auch bei einem Reisebusunternehmen arbeiten. Dann kannst du auch „reisen".

Loko67

Ich lerne Kauffrau für Verkehrsservice und habe zwei Arbeitsplätze: als Zugbegleiterin und im Reisezentrum der Deutschen Bahn am Mannheimer Hauptbahnhof. Wenn ich Dienst im Reisezentrum habe, helfe ich den Reisenden. Die meisten Reisenden suchen ihre Verbindungen im Internet, aber es gibt viele Leute mit speziellen Fragen. Die berate ich, und ich verkaufe natürlich auch Fahrkarten. Ich habe gern Kontakt zu Menschen. Auch wenn nicht alle freundlich sind.
Am liebsten bin ich aber im Zug unterwegs. Dann kontrolliere ich die Fahrkarten und bin auch für die Sicherheit verantwortlich. Ich prüfe, ob die Türen funktionieren. Und ich beantworte die Fragen der Fahrgäste, zum Beispiel wenn wir Verspätung haben und die Leute wissen wollen, ob sie ihren nächsten Zug erreichen. Wenn du selbst gern reist, muss ich dir allerdings sagen:
Du bist viel im Zug, und von den Orten siehst du außer den Bahnhöfen nicht viel. Die Ausbildung dauert drei Jahre und du kannst sie mit jedem Schulabschluss machen.

3 Die vier jungen Erwachsenen nennen auch Nachteile ihres Berufes. Lies noch einmal und notiere.

a Fachkraft für Lagerlogistik: _____

b Kauffrau für Spedition und Logistikdienstleistung: _____

c Berufskraftfahrer: _____

d Kauffrau für Verkehrsservice: _Man sieht nichts von den Städten, durch die man reist._

4 Projekt

Bildet fünf Gruppen. Die Gruppen 1 bis 4 wählen jeweils einen der vorgestellten Berufe aus und suchen im Internet nach weiteren Informationen zu diesen Berufen.
Macht ein Plakat mit euren Informationen und hängt es im Klassenzimmer auf. Gruppe 5 sucht im Netz nach weiteren Verkehrs- und Logistikberufen (www.planet-beruf.de) und schreibt Steckbriefe zu Aufgaben, Ausbildungsdauer und nötigen Schulabschluss dieser Berufe.

Schritte PLUS NEU Materialien für berufsbildende Schulen
Geografie – Eine Landkarte verstehen

**Band 4
Lektion 12**

1 Schau die Karte auf Seite 62 an und lies die Legende. Welche Informationen findest du? Kreuze an.

☐ Hamburg hat mehr als eine Million Einwohner.
☐ Im Norden regnet es, im Süden schneit es.
☐ Nürnberg hat weniger Einwohner als München.
☐ Die Oder ist die Grenze zwischen Deutschland und Polen.
☐ Die Ostsee ist 500 Meter tief.
☐ München hat einen großen Flughafen.
☐ Berlin ist von München ungefähr 600 Kilometer entfernt.
☐ Berlin ist die Hauptstadt von Deutschland.
☐ Der Schwarzwald ist ein Gebirge.

2 Ergänze.

```
                    _____ nördlich von
im Nordwesten von _____          _____ im Nordosten von
im Westen von _____              im Osten von _____
_____ südwestlich von    im Südosten von   südöstlich von
                    _____ südlich von
```

3 Schau die Karte noch einmal an und kreuze an: richtig oder falsch?

		richtig	falsch
a	Wiesbaden liegt in Rheinland-Pfalz ganz in der Nähe von Mainz.	☐	☐
b	Der Müritzsee ist im Süden von Brandenburg.	☐	☐
c	Ungefähr 50 Kilometer südöstlich von Berlin liegt Frankfurt an der Oder, genau an der Grenze zu Polen.	☐	☐
d	Die Oder fließt in die Nordsee.	☐	☐
e	Düsseldorf liegt westlich von Wuppertal.	☐	☐
f	Wenn man von Hamburg in Richtung Nordosten fährt, ist man in Lübeck.	☐	☐

4 Welche deutsche Stadt kennst du oder möchtest du gern einmal besuchen?

Beschreibe die Stadt, aber sag ihren Namen nicht. Die anderen raten.

*Meine Stadt liegt
  im Süden / Nordwesten / ... von ...
  genau an der Grenze zu ...
  in der Mitte von ...
  ganz in der Nähe von ...*

*Die Stadt ist ungefähr ... Kilometer von ... entfernt.
Durch die Stadt fließt ein Fluss.
Die Stadt hat über / weniger als ... Einwohner.
Wenn wir von ... ungefähr ... Kilometer in Richtung ...
  fahren, sind wir in meiner Stadt.*

> Meine Stadt liegt in Nordrhein-Westfalen, am Rhein, und ungefähr 30 Kilometer nördlich von Düsseldorf. Sie ist ungefähr 60 Kilometer von ... entfernt. ...

> Das ist Duisburg.

Schritte PLUS NEU Materialien für berufsbildende Schulen
Geografie – Eine Landkarte verstehen

Band 4, Lektion 12

Schritte PLUS NEU — Materialien für berufsbildende Schulen
Klimakarten

Band 4 — Lektion 12

1 Schau dir die Klimakarte von München an und notiere.

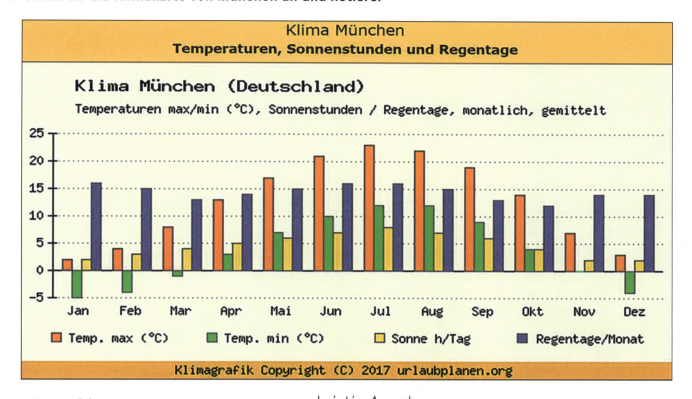

wärmste Monate	Juni bis August
kälteste Monate	_____
höchste Temperatur	_____
tiefste Temperatur	_____
Monate mit wenig Sonnenstunden pro Tag	_____
Monate mit viel Sonnenstunden pro Tag	_____
Monate mit wenig Regentagen	_____
Monate mit viel Regentagen	_____

2 Wie gut kennst du das Klima an deinem Wohnort? In welchem Monat ist es am schönsten, in welchem ist es am schlechtesten? Was vermutest du?

  a Sprich mit deiner Partnerin / deinem Partner zuerst über die Temperaturen, dann über die Niederschläge.

  > *Die Temperatur steigt im … auf …*
  > *Die maximale Temperatur ist …*
  > *Die Temperatur sinkt im … auf …*
  > *Die minimale Temperatur ist …*
  > *Die Durchschnittstemperatur im Monat / Jahr ist …*

  > *Die Niederschlagsmenge ist im … am höchsten.*
  > *Im … gibt es den geringsten Niederschlag.*
  > *Die Niederschlagsmenge / Niederschlagshöhe pro Jahr ist … Millimeter.*

  b Such im Internet Klimakarten für deine Region. Wie sind Temperatur und Niederschlagsmenge? Waren deine Vermutungen richtig?

Schritte PLUS NEU — Materialien für berufsbildende Schulen
Klimakarten

Band 4 — Lektion 12

3 Eine E-Mail schreiben

Ivonka möchte als Aupair nach München kommen. Sie fragt dich nach dem Wetter.

– Wann ist es am wärmsten?
– Wann regnet es am wenigsten?
– Wann scheint am häufigsten die Sonne?
– Welche Kleidung soll ich mitnehmen?

Schau dir die Klimakarte München (Aufgabe 1) an und beantworte Ivonkas Fragen in einer Antwortmail.

4 Temperaturen und Klima der Welt

a **Temperaturen**
Ordne zu.

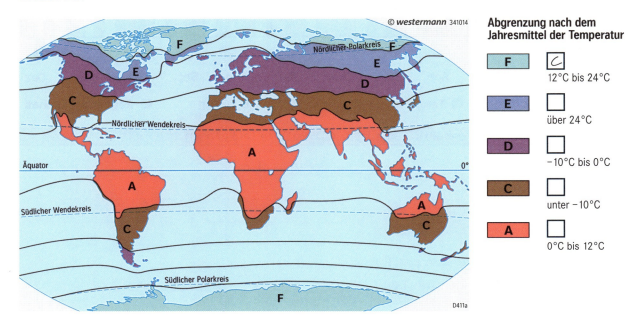

b **Klimazonen**
In welchen Klimazonen liegen die Kontinente? Ordne zu. (Es gibt mehrere Möglichkeiten.)

1 Europa
2 Nordamerika
3 Südamerika
4 Afrika
5 Asien
6 Australien

a polare Zone
b subpolare Zone
c gemäßigte Zone
d subtropische Zone
e tropische Zone

c In welcher Klimazone liegt Deutschland? Warum?

Deutschland liegt in der ... Zone, da die ...

d Beschreibe das Klima in deinem Heimatland.

5 Such im Internet ein Klimaquiz und teste dein Wissen. Arbeite auch mit dem Wörterbuch.

Schritte PLUS NEU Materialien für berufsbildende Schulen

Geld und Konsum

Band 4
Lektion 13

1 Was passt? Ordne zu. Eine Erklärung passt zweimal.

a der Finanzkauf — Ich bezahle zuerst nur einen Teil vom Preis.

b die Rate — Damit ist das Produkt ein bisschen günstiger.

c die Finanzierung — Ich bezahle nicht den ganzen Preis, sondern längere Zeit jeden Monat einen bestimmten Betrag.

d der Rabatt

e die Anzahlung — Eine Bank oder ein Geschäft leiht mir Geld.

f der Kredit — Diesen Betrag muss ich jeden Monat bezahlen.

2 Angebote

a Lies die Anzeigen. Ordne die Fotos zu.

☑ **A**

Finanzkauf *ohne* Anzahlung:
heute mitnehmen, später bezahlen!
*Machen Sie es sich auf dem neuen Sofa gemütlich –
und zahlen Sie die erste Rate erst in 6 Monaten!*
effektiver Jahreszins 8,9 %

☐ **B**

25 % SPAREN LEICHT GEMACHT!
Rabatt AUF ALLE EINBAUKÜCHEN
AB 8000 EURO.

☐ **C**

Superangebot, nur diese Woche:
Spielekonsole inkl. 5 Spiele: **nur 179,00 €**
Auch als Finanzkauf: 6 x 32,66 €

☐ **D**

Erleben Sie **Kino zu Hause**
und sparen Sie dabei 300 Euro!
Komplette Heimkinoanlage: LCD-Flachbildschirm (einzeln: 699 Euro)
und Soundsystem (einzeln: 600 Euro), Paketpreis nur 999 Euro!
(auch Wunschkredit, z.B. 12 Monatsraten zu 87,40 Euro)

Schritte PLUS NEU Materialien für berufsbildende Schulen

Geld und Konsum

Band 4
Lektion 13

b Lies die Angebote A–D auf Seite 65 noch einmal und kreuze an: richtig oder falsch?

	richtig	falsch
A Ich bezahle das Sofa erst in einem halben Jahr.	☐	☐
Das Geschäft gibt mir einen zinslosen Kredit.	☐	☐
B Ich zahle weniger, wenn ich eine Küche für mindestens 8000 Euro kaufe.	☐	☐
Küchenmöbel kosten ein Viertel weniger als sonst.	☐	☐
C Die Spielekonsole ist in dieser Woche günstiger als sonst.	☐	☐
Wenn ich in Raten bezahle, zahle ich am Ende mehr.	☐	☐
D Ich kann einen Kredit ohne Zinsen bekommen.	☐	☐
Wenn ich zwei Geräte zusammen kaufe, kann ich Geld sparen.	☐	☐

c Würden diese Angebote dich interessieren? Welches? Warum?

d Hast du schon einmal etwas auf Kredit gekauft? Erzähle.

3 Achtung Kreditfalle

a Lies den Text.

> **Achtung Kreditfalle**
>
> 60 Euro im Monat fürs Handy, 40 Euro für ein Notebook, 50 für den Fernseher – das ist doch nicht viel Geld, wenn man einen Job hat.
> Aber die Kosten summieren sich, und man muss ja auch die Miete bezahlen und braucht Geld für Lebensmittel, Kleidung und seine Freizeit.
> Bevor man einen Kredit aufnimmt oder etwas auf Raten finanziert, sollte man überlegen, wie viel Geld man im Monat übrig hat. Hier ein Beispiel:
> Tom hat eine kleine Wohnung und verdient 1350 Euro netto im Monat.

Einnahmen	
Netto-Gehalt	**1350**
Ausgaben	
Miete und Nebenkosten	550
Essen, Kleidung, Körperpflege	250
Handy und Internet	80
Freizeit	100
Versicherungen	50
Ausgaben gesamt	**1030**

b Wie viel Geld hat Tom im Monat übrig? Welche Angebote aus Aufgabe 2 kann er sich leisten? Rechne.

Geld und Konsum

Schritte PLUS NEU Materialien für berufsbildende Schulen

Band 4
Lektion 13

4 „Ein Auto für 79 Euro im Monat! Das kann ich mir leisten!"

a Lies die Anzeige. Wie findest du das Angebot? Sprecht in der Klasse.

b Kann sich Tom dieses Auto leisten? Was meinst du?

79 Euro im Monat, das ist nicht teuer.

79 Euro im Monat, das glaube ich nicht. Ein Auto kostet mehr.

c Lies nun das „Kleingedruckte" der Anzeige und ergänze die Tabelle. Wie viel kostet das Auto tatsächlich pro Monat? Rechne.

[1]Fahrzeugpreis 9900 zuzgl. Überführung 690 €
Finanzierungsangebot: Anzahlung von 990 €, 60 Monate Laufzeit (59 Raten à 79 €), Schlussrate 4439 €. Gesamtbetrag inkl. Anzahlung: 9990 €.
Ein Finanzierungsangebot der Cityline-Bank Deutschland, Hechtstraße 41, 77312 Traunstedt

		pro Monat (60 Monate)
Überführung	690	11,50
Anzahlung	990	_____
Raten 1–59	_____	79
Schlussrate	4439	_____
Summe		_____

d Schau dir die weiteren Kosten an und ergänze die Tabelle.

		pro Monat (12 Monate)
Versicherung	600	_____
Kfz-Steuer	60	_____
Wartung und Reparaturen	300	_____
Benzin		100
Summe		_____

e Was kostet so ein Auto wirklich? Sprecht in der Klasse.

5 Hilfe für Tom

a Tom hat das Auto gekauft und muss auch die Raten für den Fernseher und die Spielekonsole bezahlen. Er hat nichts gespart und kann die Schlussrate für das Auto nicht bezahlen. Wo kann Tom sich helfen lassen? Welche Anzeige würdest du ihm empfehlen? Warum?

A

Geldsorgen? Mit uns kein Problem!
Sofortkredit!
Keine Sicherheiten nötig, keine Schufa-Anfrage!
Tel.: 0172 – 56839-000

B

Arbeitskreis KONSUM UND SCHULDEN
SCHULDNERBERATUNG
jeden Dienstag und Donnerstag 10–19 Uhr
im Jugendhaus Richardstraße   Tel.: 670981

b Besser wäre es, wenn Tom keine Schulden machen würde. Was sollte er tun?

Er sollte genau ausrechnen, wie viel er jeden Monat verdient und dann ...

Er muss sich überlegen, ob ...

Finanzielle Hilfen für die Ausbildung

Schritte PLUS NEU Materialien für berufsbildende Schulen

Band 4
Lektion 13

1 Ordne zu.

a Was ist eine betriebliche Ausbildung? — Man besucht eine Berufsfachschule und macht Praktika. Meistens gibt es keine Ausbildungsvergütung.

b Was ist eine schulische Ausbildung? — Jugendliche und junge Erwachsene können sich damit auf eine Ausbildung vorbereiten oder zum Beispiel einen Schulabschluss nachholen.

c Was ist eine berufsvorbereitende Bildungsmaßnahme? — Man macht eine Ausbildung in einer Firma und besucht die Berufsschule. In der Firma lernt man alle praktischen Tätigkeiten kennen, in der Schule die Theorie. Man bekommt ein monatliches Gehalt, die Ausbildungsvergütung.

2 Lies und ergänze.

Bundesagentur für Arbeit

planet-beruf.de — MEIN START IN DIE AUSBILDUNG

Finanzielle Hilfen

Bares Geld für dich!

Knapp bei Kasse in der Ausbildung? Das muss vielleicht nicht sein. Denn unter Umständen hast du während deiner Ausbildung Anspruch auf finanzielle Unterstützung.

Berufsausbildungsbeihilfe (BAB)

BAB kannst du beantragen, wenn du zum Beispiel in der Ausbildung nicht mehr zu Hause wohnst. Es muss allerdings deine erste Ausbildung sein. Bist du in einer berufsvorbereitenden Bildungsmaßnahme (BvB), hast du ebenfalls die Möglichkeit, Berufsausbildungsbeihilfe zu erhalten. Frag doch mal deine Berufsberatung - am besten schon vor dem Ausbildungsstart! Denn den Finanzzuschuss erhältst du erst, nachdem du die Leistung beantragt hast.

BAföG (Bundesausbildungsförderungsgesetz)

Wenn du eine schulische Ausbildung machst, kannst du BAföG bekommen. In einer betrieblichen (dualen) Ausbildung gibt es kein BAföG. Ob und wie viel BAföG du erhältst, kann von dem Einkommen der Eltern und deinem Einkommen abhängen. Die Fördersumme des BAföG für Schüler/innen musst du nicht zurückzahlen. Den Antrag stellst du beim Amt für Ausbildungsförderung in der Nähe deiner Ausbildungsstätte.

> **Einen Beratungstermin vereinbaren**
> Einen Termin mit der Berufsberatung kannst du über die Service-Hotline 0800 4 5555 00 (der Anruf ist für dich kostenfrei) oder vor Ort bei deiner Agentur für Arbeit vereinbaren.

Wohngeldzuschuss

Wohngeld bekommst du nur, wenn du
- während der Ausbildung eine eigene Wohnung hast,
- kein BAföG,
- keine Ausbildungsvergütung und
- keine Berufsausbildungsbeihilfe erhältst oder Anspruch darauf hättest.

Frage bei deiner Stadt oder Gemeinde nach. Dort musst du den Wohngeldzuschuss auch beantragen.

a Ich kann BAB bekommen, wenn _____.

b Ich kann BAföG bekommen, wenn _____.

c Ich kann einen Wohngeldzuschuss bekommen, wenn _____
_____.

d Informationen über den Wohngeldzuschuss bekomme ich bei meiner _____.

Schritte PLUS NEU — Materialien für berufsbildende Schulen
Finanzielle Hilfen für die Ausbildung

Band 4 — Lektion 13

3 Hilf Sarah Klein und fülle das Formular aus.

Sarah Klein beginnt im Herbst die Ausbildung zur Altenpflegehelferin. Weil es eine schulische Ausbildung ist, bekommt sie keine Ausbildungsvergütung, also kein Gehalt. Deshalb beantragt sie jetzt BAföG für das erste Ausbildungsjahr von September 20.. bis Juni 20.. Sie hilft aber auf Mini-Job-Basis schon jetzt in einem Altenheim mit und bekommt dafür 350 Euro monatlich. Auf ihrem Sparbuch hat sie 500 Euro.

Antrag auf Ausbildungsförderung (BAföG)

Ich beantrage Ausbildungsförderung für den Besuch des/der

Ausbildungsstätte [ ]

Klasse/Fachrichtung [ ]

Angaben zu meinem Einkommen während der Ausbildung (bitte Belege beifügen)

Ich werde im Bewilligungszeitraum vom [ ] bis [ ]

also in [ ] Kalendermonaten voraussichtlich Einnahmen erzielen

☐ nein ☐ ja, und zwar:

Waisenrente und/oder Waisengeld	[ ] Euro
Ausbildungsvergütung brutto	[ ] Euro
Voraussichtliche Einnahmen aus bestehenden oder ruhenden Arbeitsverhältnissen, Ferien-, Gelegenheitsarbeiten, Mini-Jobs	[ ] Euro
Einkünfte aus selbstständiger Arbeit	[ ] Euro
Einkünfte aus Kapitalvermögen (z.B. Sparzinsen)	[ ] Euro
Sonstige Ausbildungsbeihilfen	[ ] Euro

Angaben zu meinem Vermögen (bitte Belege beifügen)

Ich habe im Zeitpunkt der Antragstellung Vermögen

☐ nein ☐ ja, und zwar:

Wert in vollen Euro

Grundstücke	[ ] Euro
Wertpapiere (Aktien, Pfandbriefe …)	[ ] Euro
Lebensversicherungen (Rückkaufswert)	[ ] Euro
Sonstige Vermögensgegenstände, z.B. Pkw	[ ] Euro

Barvermögen und Guthaben

Wert in vollen Euro

Höhe des Barvermögens	[ ] Euro
Höhe des Bank- und Sparguthabens	[ ] Euro

Die kompletten Antragsformulare findest du unter www.bafoeg.de

Versicherungen für Berufsanfänger

Band 4 — Lektion 13

1 Was bezahlt welche Versicherung? Ordne zu.

a Du hast das Smartphone eines Freundes fallen gelassen. Jetzt ist es kaputt.

b Du hattest einen schweren Unfall mit dem Rad und hast einen dauerhaften körperlichen Schaden.

c Jemand hat eine seltene Krankheit und kann nicht mehr arbeiten.

d Du willst später einmal eine gute Rente bekommen.

e Du bist krank und musst zum Arzt. Diese Versicherung hast du automatisch, wenn du ein Gehalt bekommst.

f Von dieser Versicherung bekommt man Geld, wenn man alt ist und nicht mehr arbeitet.

g In deiner Küche hat es gebrannt, und alle Möbel und Geräte sind kaputt.

Krankenversicherung
private Haftpflichtversicherung
Hausratversicherung
Berufsunfähigkeitsversicherung
private Unfallversicherung
private Rentenversicherung
Rentenversicherung

2 Welche Versicherungen hat deine Familie? Welche hast du? Welche Versicherungen sollte jeder haben? Sprecht in der Klasse.

3 Versicherungen für Berufsanfänger

a Lies den ersten Teil des Textes. Macht es Tina richtig? Sprecht in der Klasse.

Versicherungen für Berufsanfänger
Welche wirklich wichtig sind

Tina verdient jetzt Geld und kauft sich einen Fernseher für 749 Euro. Dazu kann man eine Garantieverlängerung abschließen: 5 Jahre für 90 Euro. Tina denkt: Das mache ich. Denn wenn der Fernseher kaputt geht, bekomme ich in den ersten fünf Jahren einen neuen. Ich brauche aber keine Haftpflichtversicherung, denn ich passe gut auf und mache bei Freunden nichts kaputt. Dann spare ich 40 Euro im Jahr.

b Welche Versicherungen sind freiwillig? Lies den Text weiter (Seite 72) und kreuze an.

Welche Versicherungen sind freiwillig?
☐ Haftpflichtversicherung
☐ Arbeitslosenversicherung
☐ Krankenversicherung
☐ Hausratversicherung
☐ Berufsunfähigkeitsversicherung

Schritte PLUS NEU — Materialien für berufsbildende Schulen
Versicherungen für Berufsanfänger

Band 4 — Lektion 13

Als Schüler oder in der Ausbildung sind Sie bei Ihren Eltern automatisch mitversichert. Aber wenn Sie Ihren Berufsabschluss in der Tasche haben und Ihr erstes Geld verdienen, müssen Sie sich um Ihre eigenen Versicherungen kümmern.

Bei den Sozialversicherungen (Krankheit, Pflege, Rente, Arbeitslosigkeit) ist das ganz einfach: Die bezahlen Sie automatisch, wenn Sie irgendwo angestellt sind. Dann haben Sie auch automatisch eine gesetzliche Unfallversicherung für Unfälle in der Firma oder auf dem Weg dorthin.

Darüber hinaus gibt es Versicherungen für alles mögliche. Wir sagen Ihnen, welche wirklich wichtig sind.

Berufsunfähigkeitsversicherung
Sehr wichtig: Sie versichert Arbeitnehmer, wenn sie aus gesundheitlichen Gründen nicht mehr arbeiten können. Das ist gar nicht so selten. Deshalb sollte jeder Arbeitnehmer diese Versicherung haben.

Haftpflichtversicherung
Ein absolutes Muss: Denn sie bezahlt, wenn Sie einen Schaden verursacht haben. Stellen Sie sich vor: Sie passen als Fußgänger nicht auf und gehen über die Straße. Ein Auto muss stark bremsen und fährt auf einen Radfahrer. Der Radfahrer wird schwer verletzt und kann nicht mehr arbeiten. Dann müssten Sie alles für den Radfahrer bezahlen: die medizinische Behandlung und sein Gehalt. So ein Schaden geht leicht in die Millionenhöhe!

Hausratversicherung
Die ist wichtig, wenn Sie eine eigene Wohnung haben. Was haben Ihre Möbel, Ihr Fernseher, Ihre Küche, Ihr Computer gekostet? Da kommen schnell 20.000 Euro zusammen. Wenn es brennt, sind diese Sachen kaputt. Die Hausratversicherung ersetzt den Schaden.

Unser Tipp!
Gehen Sie zu Ihrer Verbraucherzentrale. Dort bekommen Sie neutrale Informationen. Und wenn Sie Versicherungen haben: Überprüfen Sie diese alle zwei Jahre!

c Lies den Text noch einmal. Was ist richtig? Kreuze an.

☐ Berufsanfänger müssen unbedingt eine Arbeitslosenversicherung abschließen.
☐ In der Ausbildung ist man bei der Haftpflichtversicherung der Eltern mitversichert.
☐ Eine Haftpflichtversicherung bezahlt nur kleine Schäden.
☐ Wenn Sie zu Hause bei Ihren Eltern wohnen, brauchen Sie keine Hausratversicherung.
☐ Auch für kleine Schäden braucht man eine Versicherung.
☐ Informieren Sie sich über die richtigen Versicherungen bei einem Versicherungsvertreter.
☐ Kontrollieren Sie regelmäßig, ob Ihre Versicherungen noch passen.

d Was denkt ihr jetzt über Tinas Entscheidung in a? Sprecht in der Klasse.

4 Recherchiere im Internet. Was kostet welche Versicherung? Wer findet die günstigste?
- Berufsunfähigkeitsversicherung für einen Büroangestellten und für eine Handwerkerin
- Hausratversicherung bei einem Wert des Hausrats von 15 000 Euro
- private Haftpflichtversicherung

Rechnen 5: Bruchrechnen

Band 4 — Lektion 13

1 Brüche

a Wie viel ist das vom Ganzen? Schau dir die Bilder an und kreuze an.

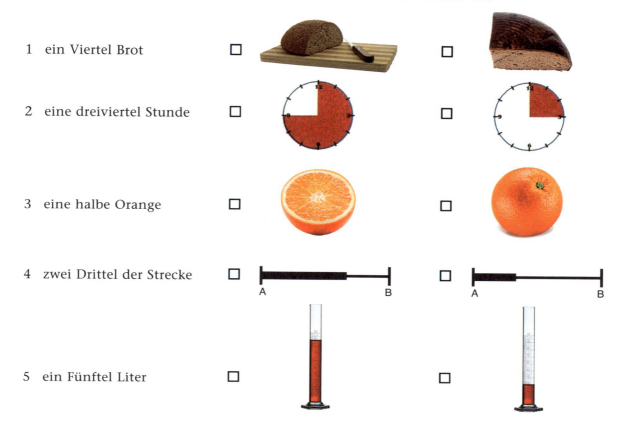

1. ein Viertel Brot
2. eine dreiviertel Stunde
3. eine halbe Orange
4. zwei Drittel der Strecke
5. ein Fünftel Liter

b Notiere die Brüche aus a in Ziffern.

1. ein Viertel $\frac{1}{4}$ oder 1/4 (1:4)
2. drei Viertel   _____
3. ein halb   _____
4. zwei Drittel   _____
5. ein Fünftel   _____

c Brüche in deinem Leben. Sprecht in der Klasse.

Wie lange dauert der Matheunterricht? (Stunde)
Wie viel ist in deiner Getränkeflasche? (Liter)
Wie lange gehst / fährst du zur Schule? (Stunde)

Mathe dauert eine dreiviertel Stunde.

d Gibt es mehr Beispiele aus deinem Leben? Dann sprecht weiter.

Gestern habe ich eine halbe Tafel Schokolade gegessen ☺.

Schritte PLUS NEU Materialien für berufsbildende Schulen
Rechnen 5: Bruchrechnen

**Band 4
Lektion 13**

2 Schreib die Zahlen einfacher.

a zwei halbe Tomaten   eine Tomate

b zwei Viertel Stunden   _____

c zwölf Achtel Liter   _____

d zehn Viertel Kilo   _____

3 Bruchrechnen

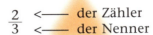
$\frac{2}{3}$ ← der Zähler
    ← der Nenner

a Zähler und Nenner: Ergänze.

1 $\frac{2}{5}$ Der Zähler ist 2_____.

2 $\frac{6}{13}$ Der Nenner ist _____.

3 $\frac{1}{3}$ Drei ist der   _____.

4 $\frac{4}{9}$ Vier ist der   _____.

b Kürze die folgenden Brüche wie in den Beispielen.

Beispiel 1 (weniger als ein Ganzes):	Beispiel 2 (mehr als ein Ganzes):
$\frac{2:2}{4:2} = \frac{1}{2}$	$\frac{6:2}{4:2} = \frac{3}{2} = 1\frac{1}{2}$

a $\frac{3}{6} = $ —   c $\frac{18}{4} = $ —

b $\frac{2}{8} = $ —   d $\frac{12}{5} = $ —

c Addiere und subtrahiere wie im Beispiel. Du musst den Nenner „gleich" machen (eine gleiche Zahl suchen) und den Zähler wie im Beispiel multiplizieren.

Beispiele (bei den Zahlen 2 und 3 ist der nächste gemeinsame Nenner die Zahl 6):
$\frac{1}{2} + \frac{1}{3}$ Rechenweg: $\frac{3}{6} \left(\frac{1 \cdot 3}{2 \cdot 3}\right) + \frac{2}{6} \left(\frac{1 \cdot 2}{3 \cdot 2}\right) = \frac{5}{6}$
$\frac{1}{2} - \frac{1}{3}$ Rechenweg: $\frac{3}{6} \left(\frac{1 \cdot 3}{2 \cdot 3}\right) - \frac{2}{6} \left(\frac{1 \cdot 2}{3 \cdot 2}\right) = \frac{1}{6}$

a $\frac{1}{2} + \frac{1}{4}$

b $\frac{1}{2} - \frac{1}{4}$

d Teile wie im Beispiel. Du musst den zweiten Bruch „umdrehen" und multiplizieren.

Beispiel:
$\frac{2}{3} : \frac{3}{4}$ Rechenweg: $\frac{2}{3} \cdot \frac{4}{3} = \frac{8}{9} \left(\frac{2 \cdot 4}{3 \cdot 3}\right)$

a $\frac{1}{4} : \frac{2}{3}$

b $\frac{2}{5} : \frac{3}{8}$

Schritte PLUS NEU Materialien für berufsbildende Schulen

Jung hilft Alt

**Band 4
Lektion 14**

1 **Lies die Überschrift im Text in Aufgabe 2 und schau das Foto an. Was meinst du? Worum geht es im Zeitungsartikel?**

2 **Ordne jedem Abschnitt eine Überschrift zu. Achtung: Nicht alle passen!**

Ehrenamtliches Engagement von Schülern
Kochkurs für Jung und Alt
Zufriedene Kursteilnehmer
Hausaufgabenhilfe von Senioren für Schüler
~~Ein generationenübergreifendes Projekt~~
Hilfe bei Angst vor Mäusen
Word und Internet

Schüler schulen Senioren

Ein generationsübergreifendes Projekt

Ein Computerkurs für ältere Menschen ist heute nichts Besonderes mehr. Etwas Besonderes wird so ein Kurs aber, wenn ihn Schüler organisieren – und ihr Computerwissen an die Senioren weitergeben. Im Mehrgenerationenhaus Landsberg gibt es so ein Projekt: ein gutes Beispiel für den Dialog zwischen den Generationen.

„Keine Angst vor Maus und Computer!", so war das Angebot für Teilnehmerinnen und Teilnehmer zwischen 60 und 80 Jahren im Kursprogramm ausgeschrieben. Schülerinnen und Schüler sollen unterrichten? Die Senioren waren zuerst unsicher, ob das klappen würde. Doch schnell waren die Lernenden von der Idee überzeugt. „Die jungen Leute erklären viel natürlicher und benutzen keine Fachwörter", berichtet die Kursteilnehmerin Ilse Lübke, 77.

Auch für Thorsten Pieper und Julia Reimann, beide 17 Jahre alt, war die Situation zuerst neu. Ein richtiges Konzept hatten die Schülerinnen und Schüler des Gymnasiums Landsberg nicht. „Wir konzentrieren uns aber vor allem auf die Arbeit mit Word und mit dem Internet. Natürlich beachten wir auch die Wünsche von den Teilnehmern", erklärt Thorsten. „Zum Beispiel helfen wir, wenn jemand ein Kochrezept aufschreiben oder ein Foto ausdrucken möchte." „Die älteren Menschen finden es gut, dass sie von Jüngeren unterrichtet werden. Schließlich sind wir mit Internet und Computer aufgewachsen", sagt Julia.

Thorsten und Julia sind bereits seit zwei Jahren dabei. Sie haben Freude am Unterrichten und wollen gern etwas mit Älteren machen. Die Arbeit ist ehrenamtlich, das heißt, Geld gibt es für den Unterricht an fünf Nachmittagen nicht. Die Schüler haben das Angebot inzwischen weiterentwickelt. Sie bieten nun auch einen Computer-Service für Zuhause an und klären dann individuelle Fragen und Probleme.

Schritte PLUS NEU — Materialien für berufsbildende Schulen
Jung hilft Alt

Band 4 — Lektion 14

3 Lies noch einmal und kreuze an: richtig oder falsch?

		richtig	falsch
a	Immer mehr ältere Menschen nutzen das Internet.	☐	☐
b	In diesem Computerkurs arbeiten Schüler als Lehrer.	☐	☐
c	Die jungen Leute können gut erklären.	☐	☐
d	Die Senioren hätten lieber ältere Lehrer mit mehr Erfahrung.	☐	☐
e	Die wichtigsten Themen im Kurs sind Kochrezepte und Fotos.	☐	☐
f	Die Schüler bekommen kein Geld für ihre Arbeit.	☐	☐
g	Die Schüler kommen auch zu den Senioren nach Hause.	☐	☐

4 Was passt? Ordne zu.

a Die Senioren haben gern Schüler als Lehrer, — weil diese gut erklären können.

b Dieser Computerkurs ist etwas Besonderes,

c Viele Teilnehmer waren am Anfang nicht sicher,

d Die Schüler arbeiten gern mit älteren Menschen,

e Die älteren Menschen finden es gut,

f Es gibt kein festes Kursprogramm,

- dass junge Leute ihnen Unterricht geben.
- aber die Schüler konzentrieren sich auf Word und Internet.
- deshalb unterrichten sie in einem Computerkurs für Senioren.
- denn er wird von Schülern organisiert.
- ob Schüler gut unterrichten können.
- weil diese gut erklären können.

5 Projekt: Welche Aktivitäten zwischen Jung und Alt könnte es in einem Mehrgenerationenhaus noch geben? Gibt es in deiner Nähe ein Mehrgenerationenhaus? Was wird dort angeboten? Informiere dich im Internet und berichte in der Klasse.

Schritte PLUS NEU — Materialien für berufsbildende Schulen
Übersicht

Aufgaben in *Schritte plus Neu* zu den Lernbereichen und Lernzielen für berufsbildende Schulen

Die Übersicht auf den folgenden Seiten gibt Ihnen einen Überblick über die in *Schritte plus Neu 1–4* und die in *Schritte plus Neu – Materialien für berufsbildende Schulen* A1 und A2 enthaltenen Lernbereiche und Themen.

Da sich im Prinzip jede Aufgabe in den Kursbüchern curricular zuordnen lässt, handelt es sich um eine Auswahl besonders geeigneter Abschnitte.

Manche Aufgaben passen mehrfach: So lässt sich beispielsweise „Eine Busreise im Internet planen" den Themen „Medienkompetenz", „selbstständiges Handeln", „Formulare" oder „Mobilität" zuordnen. Mit Blick auf die Übersichtlichkeit sind solche Aufgaben nur in Einzelfällen mehrfach aufgeführt.

So finden Sie die einzelnen Aufgaben im Kursbuch, im Arbeitsbuch und in den Kopiervorlagen:

1/L1: E1	*Schritte plus Neu 1*, Lektion 1, Abschnitt E1
2/L12: Spiel	*Schritte plus Neu 2*, Lektion 12 „Zwischendurch mal …": Spiel; ebenso die weiteren Fertigkeiten auf diesen Seiten wie Lesen, Film, Hören, Projekt, Landeskunde (LK).
4/L12: FA	*Schritte plus Neu 4*, Lektion 12 Arbeitsbuchteil, „Fokus Alltag"; ebenso „FB" = „Fokus Beruf"; „FF" = „Fokus Familie")
FHG	Foto-Hörgeschichte am Anfang jeder Lektion
KV	Kopiervorlage
LK	Landeskunde auf den „Zwischendurch mal …"-Seiten am Ende jeder Lektion

Schritte PLUS NEU — Materialien für berufsbildende Schulen
Übersicht

Themenbereich A: Schule, Ausbildung, Arbeit

Angaben zur Person

Visitenkarten (private und berufliche) lesen und verstehen	1/L1: E1
Über die eigenen Fähigkeiten sprechen	1/L7: A3
Über eigene Fähigkeiten in Bezug auf den Beruf sprechen	1/L6: KV; 2/L12: Spiel
Über Berufswünsche sprechen	3/L6: A; 2/L8: KV

Schule und lernen

Klassenzimmer und Schulsachen	1/L1: KV
In der Schule zusammen arbeiten	1/L1: KV
Regeln in der Schule	1/L1: KV
Ein Wörterbuch benutzen	1/L1: KV; 1/L4: KV
Internationale Wörter verstehen	1/L3: KV
Hausaufgaben	1/L7: KV
Schulfächer	3/L6: KV
Das deutsche Schulsystem kennenlernen	3/L6: C
Über Schulnoten und -stress sprechen	3/L6: B
Ein Formular für ein Schülerticket ausfüllen	4/L12: FA
Über Aktivitäten im Deutschunterricht sprechen	1/L7: B3
Über Tipps zum Deutschlernen sprechen	1/L5: KV; 3/L1: FA
Info: die Volkshochschule als Bildungsträger	4/L8: KV

Ausbildung

Aus- und Weiterbildungsmöglichkeiten kennenlernen	3/L6: D; 4/L10: FB
Informationen über eine Ausbildung	3/L4: KV; 3/L6: KV
Angaben zur Ausbildung machen	2/L8: B1–B4
Auf der Ausbildungsmesse	3/L6: KV
Die beliebtesten Ausbildungsberufe	3/L6: KV
Duales System	3/L6: KV
Finanzielle Hilfen für die Ausbildung	4/L13: KV
Eine Bewerbung um einen Praktikumsplatz schreiben	2/L8: KV
Rechte und Pflichten in der Ausbildung	2/L9: KV
Betriebsbesichtigung	3/L4: KV

Jobsuche und Bewerbung

Berufsbezeichnungen raten	3/L4: Spiel
Tipps für die Jobsuche kennenlernen	3/L4: B
Ein Berufsberatungsgespräch führen	3/L6: FB 2
Angaben zum beruflichen Werdegang machen	3/L6: E
Stellenanzeigen lesen und verstehen	2/L8: D2–D4
Informationen zu einer Stellenanzeige per Telefon erfragen	2/L8: D5
Ein Stellengesuch schreiben	2/L8: D6, FB 1
Eine Bewerbung schreiben	3/L4: FB; 2/L8: KV
Einen tabellarischen Lebenslauf schreiben	3/L6: FB 1
Bewerbungsgespräch: Wegbeschreibung zur Firma verstehen	2/L11: FB
Erfolg beim Vorstellungsgespräch	3/L6: KV
Einen Arbeitsvertrag verstehen	3/L4, FB
Informationen über Arbeitszeit und Freizeit (Urlaub, Feiertage) lesen und verstehen	3/L4: E

Berufe und Branchen

Automobilindustrie – Schlüsselindustrie	4/L11: KV
Berufe im Dienstleistungssektor	2/L12: KV
Berufe in der Informations- und Telekommunikationsbranche	4/L10: KV
Berufe in der Modebranche	2/L13: KV
Berufsbilder: Computer und Kommunikationstechnik	4/L10: KV
Berufsgruppen und Branchen	3/L4: KV
Verkehrs- und Logistikberufe	4/L11: KV
Exportnation Deutschland	4/L9: KV

Alltag in einer Firma

Angaben zum Arbeitsplatz machen	2/L8: C1–C3, D1, Film, Comic, Lesen
Arbeitsmittel kennenlernen	3/L4: Film
Computer im Beruf	2/L12: KV
Regeln im Büro kennenlernen	1/L4: FB
Kleidung in Freizeit und Beruf	2/L13: KV
Informationen zu Sicherheitsvorschriften verstehen	2/L10: FB
Mitteilungen am Arbeitsplatz lesen und verstehen	3/L4: C
Arbeitsaufträge verstehen und formulieren	1/L6: FB; 3/L1: FB
Nach einer Aufgabenverteilung fragen	2/L8: FB 2
Einen Arbeitsplan absprechen	2/L9: FB
Telefongespräche am Arbeitsplatz führen	3/L4: D
Termine planen	2/L11: D3–D4
Höfliche Bitten im Beruf formulieren und darauf reagieren	2/L12: C2
In Konfliktsituationen angemessen reagieren	3/L7: FB
Eine Krankmeldung schreiben	1/L7: FB, 2/L10: D
Ein Gespräch mit dem Betriebsarzt führen	3/L5: FB
Info: Gesundes Essen in einer Firmenkantine	3/L3: D

Servicegespräche führen

Auf der Post	4/L10: B
In einer Bank	4/L13: D
In einem Geschäft	4/L9: FA
In einem Reisebüro	4/L12: C2

Schritte PLUS NEU — Materialien für berufsbildende Schulen
Übersicht

Themenbereich B: Selbstständiges und soziales Handeln

Organisation des Alltags und des Lernens
Über Aufgaben im Alltag sprechen	4/L8: Film
Über einen Tagesablauf sprechen	1/L5: Hören, Film; 1/L5: KV
Über Tipps zum Deutschlernen sprechen	3/L1: FA
Über Aktivitäten im Deutschunterricht sprechen	1/L7: B3
Sich einen Lernplatz einrichten	3/L2: B3

Dinge selbstständig recherchieren
Freizeitangebote	1/L6: Projekt; 4/L8: KV
Reiseverbindungen	1/L6: FA

Bedienungs- und Handlungsanweisungen verstehen
Produktinformation	1/L3: FA
Gebrauchsanweisung	2/L12: E2–E4
Beipackzettel eines Medikaments	2/L10: FA

Anträge, Anmeldungen, Formulare
Sich in der Stadtbibliothek anmelden	1/L2: FA
Ein Visum für Deutschland beantragen	2/L9: E
Sich bei einer Meldebehörde anmelden	2/L9: D1–D2, FA
Einen internationalen Führerschein beantragen	2/L9: A1
Sich zu einem Sprachkurs anmelden	2/L9: B3, D3
Sich bei einem Sportverein anmelden	3/L5: D

Kommunikation mit anderen Menschen
Begrüßungen im Alltag und im Beruf kennenlernen	1/L1: Film; 1/L2: FB
In einem Telefongespräch nach jemandem fragen	1/L1: D3
Informationen zur eigenen Person geben (Name, Adresse, Sprachkenntnisse)	1/L2: Projekt
Sich mündlich / telefonisch entschuldigen	1/L7: E4; 4/L10: E, Comic
Smalltalk auf einer Party verstehen	3/L7: Hören
Höfliche Bitten im Alltag formulieren	2/L12: C1+C3
Jemanden einladen und auf Einladungen reagieren	2/L14: C, D; 2/L14: KV
Interjektionen in Alltagssituationen verstehen	1/L7: Film
Gemeinsam ein Picknick planen	1/L6: B4
Gemeinsam ein Sommerfest im Kindergarten planen	3/L7: FF
Gemeinsam ein Fest planen	3/L7: E

Problemlösungen im Alltag
Einen technischen Defekt beschreiben und einen Reparaturservice beauftragen	2/L12: B2–B3
Jemanden um Hilfe bitten	2/L14: B4
Hilfe bei einem Unfall organisieren	2/L10: E4–E5
Generationsübergreifende Hilfe (Jung hilft Alt)	4/L14: KV

Umgang mit Konflikten
Streitgespräche in Alltagskonflikten verstehen	4/L14: B
In Konfliktsituationen im Alltag und im Beruf angemessen reagieren	3/L2: KV; 3/L7: FB
Einen freundlichen und unfreundlichen Ton voneinander unterscheiden	3/L2: Hören
Sich beschweren und auf Beschwerden reagieren	3/L3: E; 3/L4: FHG
Maßnahmen zur Gewaltprävention kennenlernen (Fußball gegen Gewalt)	3/L5: KV
Über Gewalt und aggressives Verhalten sprechen	3/L1: KV

Schritte PLUS NEU   Materialien für berufsbildende Schulen
Übersicht

Themenbereich C: Leben in Deutschland / Werte

Informationen zu den deutschsprachigen Ländern

Info: Deutschsprachige Länder	1/L2: E1; 2/L11: KV
Info: Städte und Regionen in Deutschland, Österreich und der Schweiz	2/L12: Film
Über Deutschland sprechen (Städte, Autos, Wetter, Essen/Trinken, Landschaft etc.)	2/L13: B4
Regionale Varianten der Begrüßung kennenlernen	1/L1: LK
Vier Porträts von Menschen in den deutschsprachigen Ländern	1/L2: E2
Städteporträt: Kehlheim an der Donau	4/L12: Film, LK, Projekt
Info: Der Sonntag in Deutschland	4/L8: Lesen
Info: Hochzeit in Deutschland	3/L7: C1–C2
Info: Kinderbetreuung in Deutschland	1/L5: FF; 2/L12: LK

Lebensformen und Familie

Über verschiedene Lebensformen sprechen (Familien und Singles)	3/L1: E, Film
Über die eigene Familie sprechen	3/L1: D
Über verschiedene Familienformen sprechen	3/L1: KV
Eine internationale Familie kennenlernen	1/L2: Film

Verschiedene Lebensentwürfe

Eine alleinerziehende Mutter	1/L5: E2
Ein alleinstehender Rentner	1/L5: Hören
Eine Hobbyfotografin	1/L6: E
Eine Erzieherin	2/L8: Lesen
Eine Rentnerin	4/L14: Lesen
Eine deutsch-türkische Fußballfamilie	3/L5: Lesen

Mobilität und Reisen

Rätsel: Verkehrsmittel	4/L11: Rätsel
Info: Verkehrsmittel in einer Stadt	2/L11: Film
Verkehrsnetzpläne verstehen	2/L11: B
Für einen Behördengang verschiedene Verkehrsmittel in der Stadt miteinander vergleichen	2/L11: KV
Einen Urlaub planen	4/L12: A, B
Eine Reise planen	4/L12: C
Einen Wochenendausflug planen	4/L12: E
Eine Busreise im Internet planen	1/L6: FA
Info: Regeln bei einer Fernbus-Reise	2/L9: C3
Informationen zu einer Bahnreise einholen	2/L11: E2–E3; 2/L11: KV
Eine Fahrkarte kaufen	2/L9: A2
Ein Auto mieten	2/L9: FHG, B1
Über Gründe für einen Umzug sprechen	3/L1: A

Verhalten im Straßenverkehr

Über Verkehrsregeln sprechen	4/L11: Lesen
Info: Bußgeldbescheid, Widerspruch einlegen	4/L10: FA
Einen Unfallhergang (Arbeitsweg) beschreiben	4/L11: FB
Verkehrsnachrichten verstehen	4/L11: C4

Freizeit und Sport

Namen von Sportvereinen sammeln	1/L6: Lied
Sich über Sportangebote informieren	3/L5: Projekt
Über Freizeitaktivitäten am Wochenende sprechen	4/L8: D1–D2
Freizeitaktivitäten planen	4/L8: C
Info: Jugendzentrum	4/L8: KV
Informationen aus einem Veranstaltungskalender heraussuchen	4/L8: D3
Info: Ehrenamt	3/L7: KV
Über Feste und Feiertage sprechen	2/L14: A, E, Schreiben

Schritte PLUS NEU Materialien für berufsbildende Schulen
Übersicht

Themenbereich D: Kompetenzen im Alltag

Wohnen
Wohnungsanzeigen lesen und verstehen	1/L4: D4, Schreiben
Kosten einer Wohnung: Miete, Nebenkosten und sonstige Kosten berechnen	1/L4: FA

Umweltschutz
Mitteilungen zum Umweltschutz in einem Mietshaus lesen und verstehen	3/L2: D
Info: Strom sparen	3/L2: KV
Info: Richtig heizen und lüften	3/L2: KV
Glühbirnen mit Energiesparlampen vergleichen	3/L2: FHG

Gesundheit und Ernährung
Info: Ärzte in Deutschland	2/L10: Projekt
Info: Fachärzte	2/L10: KV
Info: Jugendarbeitsschutzuntersuchung	2/L10: KV
Info: Hygiene und Vorsorgeuntersuchungen	2/L11: KV
Info: Gesundes Essen (Firmenkantine)	3/L3: D
Über Essgewohnheiten sprechen	3/L3: A
Info: Ernährungspyramide	3/L3: KV
Über gesunde Ernährung (am Arbeitsplatz) sprechen	3/L3: FB
Über Fitness im Alltag sprechen	3/L5: A, E
Info: Sucht und Suchtprävention	3/L5: KV

Umgang mit Kommunikationsmitteln
Über Kommunikationsmittel sprechen	4/L10: D
Über die Handynutzung sprechen	4/L10: Hören

Umgang mit Medien
Über Medien im Alltag sprechen	4/L8: FA
Radiowerbung hören und verstehen	3/L3: FA
Über Sicherheitsfragen beim Umgang mit Computer und Internet sprechen	4/L8: FB
Eine Busreise im Internet planen	1/L6: FA

Geld und Konsum
Über das Konsumverhalten der Deutschen sprechen	4/L9: D
Über Banken und Bankgeschäfte sprechen	4/L13: A, B, D
Info: Auf einem Flohmarkt einkaufen	4/L9: LK
Etwas (im Internet) anbieten und verkaufen	4/L9: B, Projekt
Etwas im Internet bestellen	1/L3: FB
Etwas zurückschicken oder kündigen	4/L9: FB
Einen Kaufvertrag abschließen	4/L9: FA
Info: Ein Auto kaufen	4/L11: FA
Konsum und Schulden	4/L13: KV
Jemandem etwas spendieren	4/L13: Comic

Versicherungen
Info: Private Krankenzusatzversicherungen	3/L5: FA
Info: Versicherungen für Arbeitnehmer	4/L13: FB
Info: Versicherungen für Berufsanfänger	4/L13: KV
Mit Versicherungen kommunizieren	4/L13: FA

Schritte PLUS NEU Materialien für berufsbildende Schulen
Übersicht

Themenbereich E: Rechnen und Geografie

Rechnen

Etwas im Internet bestellen und die Bestellsumme berechnen	1/L3: FB
Grundrechenarten und Einmaleins, Preise berechnen	1/L3: KV
Lebensmittelpreise überschlagen und runden	1/L3: KV
Angaben zu Gewichten und Volumen zu Lebensmitteln machen	1/L3: KV
Eine Wohnungsgröße berechnen (geometrische Grundformen)	1/L4: KV
Das Volumen von Räumen berechnen (geometrische Grundformen)	1/L4: KV
Angaben zur Form von Wohnräumen machen (geometrische Grundformen und Winkel)	1/L4: KV
Kosten einer Wohnung: Miete, Nebenkosten und sonstige Kosten berechnen	1/L4: FA; 3/L2: FA
Die Kosten für Büromaterialien ermitteln	2/L12: FB
Trinkgelder mittels Prozentrechnen ermitteln	3/L3: KV
Prozente mithilfe des Dreisatzes berechnen	3/L3: KV
Die Kosten für private Kranken-Zusatzversicherungen berechnen	3/L5: FA
Teile von Gegenständen angeben und Brüche berechnen	4/L13: KV
Monatliche Einnahmen und Ausgaben berechnen und finanzielle Spielräume ermitteln	4/L13: KV
Die tatsächlichen Kosten für ein Finanzierungsangebot (Auto) ermitteln	4/L13: KV

Geografie

Regionale Sprachvarietäten anhand von Dialektkarten kennenlernen	1/L1: LK
Anhand einer Karte Städtenamen den deutschsprachigen Ländern zuordnen	1/L2: E1
Anhand von Karten Städte, Länder und Kontinente zuordnen	1/L2: KV
Einfache Angaben zur Lage von Städten innerhalb Deutschlands machen	1/L2: KV
Angaben zum Wetter in verschiedenen Regionen Deutschlands machen	1/L6: A
Einfache Angaben zur Topographie Deutschlands machen	2/L11: KV
Angaben zur Lage von Flüssen, Seen und Gebirgen in Deutschland machen	2/L11: KV
Angaben zu politischen Gliederung Deutschlands machen	2/L11: KV
Info: Städte und Regionen in Deutschland, Österreich und der Schweiz	2/L12: Film
Detaillierte Angaben auf einer Deutschlandkarte verstehen	4/L12: KV
Detaillierte Angaben zur Lage von Städten und Regionen in Deutschland machen	4/L12: KV
Das Klima in Deutschland anhand einer Klimakarte interpretieren	4/L12: KV
Die wichtigsten Klimazonen der Welt kennenlernen und das Klima Deutschlands zuordnen	4/L12: KV

Schritte PLUS NEU Materialien für berufsbildende Schulen
Lösungen

Band 3

Lektion 1: Meine Familie – meine Zukunft
1 b Tarek: 3, 5, 8, 10; Vetim: 4, 9; Magdalena: 2, 6; Sabrina: 1, 3, 7

Lektion 1: Echte Freunde?
1 Manuel war früher schlecht …
2 richtig: a, b, d, e, h; alle anderen: falsch
c: nur richtig in Bezug auf den Smartphone-Diebstahl (Text sagt nicht, dass Manuel generell gestohlen hat, weil er kein Geld hat.)
3 Lösungsvorschläge:
im Kindergarten und in der Schule: Kindern und Mitschülern Sachen weggenommen
in Geschäften: Zigaretten gestohlen (geklaut), ein Smartphone gestohlen
in Parks: auf andere Jungen gewartet, Geld und Smartphones genommen, andere geschlagen

Lektion 2: Energie sparen
2 b 2 – 3 – 1
c 1 sie nicht so viel Energie verbrauchen; sie nicht so schnell kaputtgehen
2 ist ein Energieetikett; gibt Auskunft über den Energieverbrauch von Elektrogeräten
3 verbrauchen auch im Stand-by-Modus Strom; verbrauchen auch oft nach dem Ausschalten noch Strom

Lektion 2: Konflikte im Alltag
1 a Stephan findet, dass …
b Herr Kessler: 3, 7, 9; alle anderen: Stephan
3 freundlicher klingen:
Können Sie bitte … – Entschuldigung, ist … – Mein Auto hat … – Könnt ihr … – Okay, Sie können ja …

Lektion 3: Die Ernährungspyramide
2 a von oben nach unten:
Süßes / Knabbereien – Öl / Fette – Fisch / Fleisch / Wurst / Eier; Milch / Milchprodukte – Getreideprodukte / Kartoffeln – Obst / Gemüse – Getränke
b *Getränke*: das Mineralwasser, der Tee, der Saft, die Saftschorle
Süßes / Knabbereien: der Müsliriegel, der Keks, der Zucker, der Schokoriegel, das Eis, die Schokolade, das Bonbon, der Kuchen
Getreideprodukte / Kartoffeln: der Reis, das Brot, der Müsliriegel (wenn er zucker- und fettarm ist), das Vollkornbrot, das Brötchen, die Nudeln, die Kartoffeln
Obst / Gemüse: die Banane, die Tomate, der Apfel, die Gurke, die Paprika, die Orange, die Möhre
Öl / Fett: die Margarine, das Olivenöl, die Butter
Fisch / Fleisch / Wurst / Eier: das Fleisch, die Wurst, das Hähnchen, der Fisch, das Ei
Milch / Milchprodukte: der Käse, die Milch, der Quark
3 b Kohlenhydrate, Ballaststoffe; c Kohlenhydrate, Ballaststoffe; d Eiweiß, Eisen; e Eiweiß, Calcium; f Fett, g Eiweiß, Eisen

4 von oben nach unten:
Wenig Kalorien, viele Vitamine – Reichlich Getreideprodukte – Täglich Milch und Milchprodukte – Fisch, Fleisch, Wurst und Eier – Öle und Fette: weniger ist mehr – Süßes und Knabbereien in Maßen

Lektion 3: Rechnen 4: Prozentrechnen und Dreisatz
1 a von hundert

b

	200	500	700
1%	2	5	7
2%	4	10	14
3%	6	15	21
4%	8	20	28
5%	10	25	35
6%	12	30	42
7%	14	35	49
8%	16	40	56
9%	18	45	63

2 a 1: der Grundwert (G) / die ganze Menge
3: der Prozentwert (P oder W) / der Anteil vom Ganzen
b A: P = 40 (Prozent) : 100 x 30 (Schüler);
Ergebnis: 12 Mädchen (18 Jungen)
B: G = 24 (Schüler) x 100 : 80 (Prozent);
Ergebnis: 30 Schüler
c A: 12 Mädchen, 18 Jungen; B: 30 Schüler
3 a Man hat drei Zahlen, eine vierte ist unbekannt.
b 30 Schüler sind 100 Prozent. – 40 Prozent sind Mädchen.
c 30 Schüler : 100 Prozent = ??? Mädchen : 40 Prozent
d 30 : 100 · 40 = 12
e 24 Schüler : 80 Prozent = ??? Schüler : 100 Prozent
24 : 80 · 100 = 30

Lektion 4: Berufsgruppen und Branchen
1 a *Technische Berufe*: Architekt/-in, Ingenieur/-in, Elektroniker/-in, Technische/r Zeichner/-in
Kaufmännische Berufe: Bankkaufmann/-frau, Bürokaufmann/-frau, Buchhalter/-in, Industriekaufmann/-frau
Handwerkliche Berufe: Schreiner/-in, Maurer/-in, Schlosser/-in, Friseur/-in, Maler/-in, Bäcker/-in, Gebäudereiniger/-in
Berufe im Sozial-Gesundheitswesen: Arzthelfer/-in, Erzieher/-in, Altenpfleger/-in, Masseur/-in, Sozialarbeiter/-in, Apotheker/-in, Zahnarzt/-ärztin
Berufe in Hotel und Gastronomie: Koch/Köchin, Restaurantfachmann/-frau, Hotelfachmann/-frau
2 A: Text 2, B: Text 1

3   Lösungsvorschläge:
Selbstständige: Sie sind nicht in einer Firma angestellt: Sie arbeiten selbstständig oder haben eine eigene Firma. Beispiele: Ärzte, Ladenbesitzer (Bäcker, Metzger etc.), Handwerker, Unternehmer
Produktion: Man produziert Waren in Fabriken, zum Beispiel Autos oder Smartphones.
Erwerbstätige: Das sind alle Selbstständigen und Angestellten. Sie arbeiten und bekommen dafür Geld. Arbeitslose, Kinder und Rentner sind nicht erwerbstätig.
Fachkraft: Fachkräfte haben eine Berufsausbildung und sind für ihren Beruf qualifiziert.
Dienstleistungsbereich: In diesem Bereich produziert man keine Waren. Typische Berufe sind Ärzte, Hotelfachkräfte, Verkäufer oder Bankangestellte.
Arbeitslose: Sie haben keine Arbeit. Aber sie sind bei der Arbeitsagentur registriert und können Arbeitslosengeld bekommen.
Landwirtschaft: Die Landwirtschaft ist die Basis für die Produktion von Lebensmitteln. Landwirtschaftliche Betriebe (Bauernhöfe) produzieren zum Beispiel Pflanzen, Getreide, Milch und Fleisch.

Lektion 4: Informationen über eine Ausbildung – Teil 1

1 a Köchin; Koch
  b richtig: 1, 6, 7, 9; alle anderen: falsch
     Textstellen:
     oft am Wochenende arbeiten – mittags von 10 bis 14 Uhr – bis 22 Uhr geöffnet, aber ich kann erst nach Hause gehen, wenn alles sauber und aufgeräumt ist – Einmal pro Woche gehe ich in die Berufsschule. – Letzte Woche habe ich gelernt, wie man einen Fisch richtig zerlegt und zubereitet. – Die Ausbildung dauert insgesamt 3 Jahre. – 557 Euro pro Monat – in der Tageszeitung eine Stellenanzeige gelesen – persönlich in einem Restaurant nach einem freien Ausbildungsplatz fragen
  c Lösungsvorschläge:
     1 Wie ist die Arbeit als Koch?
     2 Von wann bis wann arbeitet ein Koch? / Wie viele Tage in der Woche arbeitet ein Koch?
     3 Wie lange arbeitet ein Koch pro Tag? / Wie sind die Arbeitszeiten von einem Koch?
     4 Wann kann/darf ein Koch nach Hause gehen? / Wie lange muss ein Koch am Abend arbeiten?
     5 Wie oft ist die Berufsschule? / Wie oft muss man in der Ausbildung zur Berufsschule gehen?
     6 Was sind die Aufgaben? / Was muss man als Koch alles tun/können?
     7 Wie lange dauert die Ausbildung?
     8 Wie viel verdient man in der Ausbildung?
     9 Wie/Wo findet man einen Ausbildungsplatz?
     10 Wie kann/muss man sich bewerben?

2 Lösungsvorschlag:
Lieber Marcel,
wie geht es Dir? Ich schreibe Dir, weil ich eine Ausbildung zur Köchin machen möchte. Und da kennst Du Dich ja sehr gut aus, nicht?
Sag mal: Wie ist die Arbeit als Koch so? Muss ich da sehr viel arbeiten? Wie viele Tage in der Woche arbeitest Du? Und wie sind Deine Arbeitszeiten? Bestimmt muss man am Abend sehr lange arbeiten, aber das finde ich nicht schlimm.
Ich arbeite gern abends. Aber ich stehe nicht gern früh auf.
Sicher gehst Du auch in die Berufsschule. Wie oft ist die Berufsschule denn?
Kannst Du mir auch etwas über Deine Aufgaben erzählen? Was muss man als Koch alles können? Und ganz wichtig: Wie lange dauert die Ausbildung und wie viel verdient man?
Ich möchte nämlich am liebsten eine eigene Wohnung mieten, wenn ich mit der Ausbildung anfange. Aber zuerst muss ich einen Ausbildungsplatz finden. Wie hast Du denn Deinen Ausbildungsplatz gefunden? Wie muss ich mich bewerben? Immer schriftlich? Oder kann ich auch anrufen?
Tausend Dank schon mal für Deine Antwort.
Viele Grüße
Natalie

Lektion 4: Projekt: Betriebsbesichtigung

1 *nicht im Kaufhaus arbeiten*: Hotelfachkraft, Mechatroniker/-in, Landwirt/-in, Maurer/-in, medizinische Fachangestellte(r)
Manche Kaufhäuser haben einen Friseursalon, dann auch: Friseur/-in; alle anderen arbeiten in einem Kaufhaus.

Lektion 5: Fußball gegen Gewalt

3 a: andere treten und schlagen; aggressiv zu anderen sein
   b: Aktionen gegen Gewalt; etwas gegen Aggressionen tun
4 fair und tolerant sein; verlieren; Aggressionen abbauen und besser kontrollieren
6 a Eine Organisation für Opfer von Kriminalität.
  b/c Da sich Internetadressen und Telefonnummern ändern können, gibt es hier keine Angabe. Diese Informationen sind im Internet leicht zu recherchieren.
  Die Hilfe ist immer kostenlos.

Lektion 5: Sucht und Suchtprävention

1 a Alle genannten Dinge können süchtig machen.
  b richtig: 2, 4, 6
  c 2
2 A 4, B 7, C 1 (und alle anderen, da man bei Sucht-Hotlines Beratung zu allen Suchtproblemen bekommt), D 5, E 2, F 6, G 3
4 a 2, 4 (1 ist insofern nicht ganz richtig, da eine Therapie nicht zum Thema „Suchtprävention" gehört.)

Schritte PLUS NEU Materialien für berufsbildende Schulen
Lösungen

Lektion 6: Die beliebtesten Ausbildungsberufe
3 b Kaufleute (Einzelhandel, Großhandel, Industrie, Banken, Büro)
4 a die Tätigkeiten, b der Arbeitsplatz, c das Einkommen / der Verdienst, d die Ausbildungsdauer, e die schulischen Voraussetzungen

Lektion 6: Informationen über eine Ausbildung – Teil 2
2 a Sie möchten Koch … – b Sie entscheiden … – c Wie gut ist … – d Sie bekommen … – e Sie suchen …
3 von oben nach unten und von links nach rechts:
Welcher Beruf passt zu Ihnen?
Wir helfen Ihnen bei Ihrer Bewerbung.
Sie suchen eine Lehrstelle?
4 1: August/September – keine Angabe – Friseur/-in
2: sofort – keine Angabe – Köchin/Koch
3: 1. August – Hauptschulabschluss, körperliche Belastbarkeit, Zuverlässigkeit – Bäcker/-in
4: 1. September – guter Hauptschulabschluss oder Mittlere Reife – Einzelhandelskaufmann/-frau
5: 1. August – (Praktikum) – Mediengestalter, Digital-/Printmedien
6: Mitte September – keine Angabe – Kosmetiker/-in, Fußpfleger/-in

Lektion 6: Duales System und Berufsfachschulen
1 a in einer Firma und an einer Berufsschule
  b *im Restaurant*: praktisches Kochen, Arbeit im Team, schnell kochen
  alles andere: an der Berufsschule
2 *Kinderpfleger/in an einer Berufsfachschule*: ein Tag pro Woche (Praktikum), vier Tage pro Woche, zwei Jahre, kein Verdienst, Hausaufgaben
Koch / Köchin im dualen System: drei bis vier Tage pro Woche, ein bis zwei Tage pro Woche, drei Jahre, 600 bis 700 Euro brutto (pro Monat), schöner Beruf

Lektion 6: Schulfächer
1 *Deutsch*: einen Aufsatz über ein Thema schreiben, einen Text analysieren, ein Gedicht interpretieren, die Regeln in der Rechtschreibung lernen, über Literatur sprechen
Englisch: Vokabeltests schreiben, Grammatikregeln anwenden, Dialoge üben, über Literatur sprechen
Geschichte / Sozialkunde: Diagramme erklären, die Verfassung kennenlernen
Mathematik: Formeln anwenden, Flächen und Räume berechnen, Geometrieaufgaben lösen, Statistiken erstellen, Diagramme erklären
Sport: die eigene Fitness verbessern, Bewegungstechniken ausführen, im Team Sport machen, Bewegungsprogramme kennenlernen
Arbeitslehre: einen Betrieb besichtigen, eine Schülerfirma gründen, Berufe kennenlernen, eine Bewerbung schreiben
3 a A: Geometrie, Flächen, Formeln, Lösung – B: Formeln berechnen, Sport im Team, spiele, Gesundheit, Fitness – C: Kochen, Mahlzeiten zubereiten, Betriebe, Bewerbung – D: Labor, Experimente

Lektion 6: Auf der Ausbildungsmesse
1 a links oben: 1; rechts oben: 3; unten: 2
  b Informationen über verschiedene Berufe sammeln – mit Mitarbeitern von verschiedenen Firmen sprechen – (eventuell) seinen (zukünftigen) Chef kennenlernen – persönliche Kontakte sammeln – Fachschulen kennenlernen – Vorträge hören

Lektion 6: Erfolg beim Vorstellungsgespräch
1 a Der erste Eindruck ist entscheidend – Es ist wichtig, sich kennenzulernen – So nicht! – Blickkontakt – Kennen Sie den Betrieb? – Warum haben Sie sich beworben? – Ihre Schulzeit – Kennen Sie Ihre Stärken? – Ihre Interessen – Jetzt fragen Sie – Die richtige Kleidung – Das Gespräch geht zu Ende
  b *Lösungsvorschläge*: Man sollte …
entspannt bleiben und sich natürlich benehmen. – pünktlich kommen. – das Handy ausstellen. – den Gesprächspartner ausreden lassen. – auf alle Fragen antworten. – höflich und zurückhaltend sein. – Selbstbewusstsein zeigen. – dem Gesprächspartner in die Augen sehen. – Interesse für den Betrieb zeigen. – sich vorher über den Betrieb informieren. – erklären/sagen können, warum man sich für eine Ausbildung im Betrieb interessiert. – über seine Erwartungen an die Ausbildung sprechen können. – erzählen, was man in der Schule gern gemacht hat. – erzählen (können), was man bei Praktika gelernt hat und was man dort gern gemacht hat. – seine Stärken kennen. – seine Schwächen zugeben und sagen, wie man an ihnen arbeitet. – über seine Freizeit und seine Interessen berichten. – (vorbereitete) Fragen zum Betrieb stellen. – saubere, gebügelte Kleidung tragen. – beim Abschied fragen, wann die Entscheidung der Firma mitgeteilt wird. – sich für die Einladung zum Gespräch bedanken.
2 *Personalchef/-in*: Erzählen Sie mir etwas über Ihre Schulzeit. – Was wissen Sie über unser Unternehmen? – Warum interessieren Sie sich für diese Ausbildung? – Wie haben Sie sich auf dieses Gespräch vorbereitet? – Was erwarten Sie von der Ausbildung? – Welche Hobbys haben Sie? – Warum haben Sie sich gerade bei uns beworben? – Warum denken Sie, dass dieser Beruf für Sie geeignet ist? – Wie verstehen Sie sich mit Ihren Mitschülern? – Was sind Ihre Stärken?
Bewerber/-in: Wie läuft die Ausbildung genau ab? – Wie viele Azubis hat der Betrieb? – Wie sind die Arbeitszeiten geregelt? – In welchen Abteilungen arbeite ich? – Wann kann ich mit Ihrer Entscheidung rechnen? – Vielen Dank für die Einladung zu diesem Gespräch. – Wie hoch ist die Ausbildungsvergütung? – Wie sind die Chancen, nach der Ausbildung übernommen zu werden?

Schritte PLUS NEU Materialien für berufsbildende Schulen
Lösungen

Lektion 7: Ehrenamt
1 a Martin: 1, 6, 7; Lotte: 2, 4; Maria: 3, 5, 8
  b *Martin*: Jugendfeuerwehr, zwei Stunden, einmal pro Woche, mit anderen Jugendlichen – Martin findet es spannend. Er lernt auch andere Dinge (Erste Hilfe, Technik). Es gibt Sport, und sie feiern auch oft und haben Spaß.
   Lotte: Hausaufgabenhilfe, keine Angaben zu Dauer und Häufigkeit, für/mit einen jungen Schüler (Ali) – Sie spricht mit Lehrern und informiert sich über den Unterricht. Sie hilft gern bei Sorgen und Problemen und hat Spaß mit Ali. Sie fühlt sich jung und möchte ihr Ehrenamt noch lange machen.
   Maria: Lehrerin, acht Wochen, jeden Tag über zehn Stunden; für Schüler in einer ärmeren Region in Taiwan – Sie studiert Ökonomie. Die Familien in der Region müssen viel arbeiten und haben am Tag keine Zeit für ihre Kinder. Sie freut sich über die Erfahrungen dort.
2 a 1: Umwelt, Kultur, sozialer Bereich – 2: Stadtfeste, Sportveranstaltungen, Integration – 3: Vereine, Kirchen, politische Organisationen

Band 4

Lektion 8: Sich im Internet informieren: Freizeitangebote
3 a Man kommt mit einer Suchmaschine mit allen Begriffen, die irgendwie zum Thema passen, zum Ergebnis. Insofern ist nur „Surftipps im Internet" nicht zielführend.

Lektion 8: Junge Volkshochschule
1 a zeichnen: EG 12943; Theater spielen EM 34321; kochen: GZ 20523; sich schminken: EV 78532
  b C (Comics zeichnen), E (Videoschnitt), A (aussehen wie ein Superstar), B (Schnell reagieren), D (Cool cooking)
  c wichtig: Kurszeiten, Kursgebühren, Kursnummer, Kursort, Was muss man mitbringen?
   nicht so wichtig: einzelne Wörter in der Kursbeschreibung

Lektion 8: Anlaufstelle Jugendzentrum
2 richtig: c, d, e; alle anderen: falsch
3 in die Disco gehen, Konzerte besuchen, Leute treffen, Tischtennis und Billard spielen, im Probenraum Musik machen

Lektion 9: Exportnation Deutschland
2 a China, b Autos und Maschinen, c Erdöl und Erdgas
3 a EU, China, USA; b Dienstleistungen; c Handel, Versicherungen, Gastronomie; d chemische Industrie, Elektroindustrie, Lebensmittelindustrie, Maschinenbau; e Was in einem Land insgesamt … produziert wurde.

Lektion 10: Berufe in der Informations- und Telekommunikationsbranche
1 a 3, b 1, c 5, d 2, e 4
2 b *Robert*: Industrietechnologe für Nachrichtentechnik, zwei Jahre, Handy-Hersteller, entwickelt Teile für ein neues Smartphone
   Sascha: IT-System-Elektroniker, drei Jahre, Energiefirma, hilft Kunden bei Problemen mit ihrem Computernetzwerk
   Leonie: Kauffrau im Einzelhandel, drei Jahre, Geschäft einer Telekommunikationsfirma, hilft Kunden mit ihren Handy-Verträgen und informiert über Serviceangebote.
   Jennifer: Servicefachkraft für Dialogmarketing, zwei Jahre, Service-Hotline, telefoniert mit Kunden und hilft bei Bestellungen oder bei Beschwerden
   Murat: Systeminformatiker, dreieinhalb Jahre, Autohersteller, realisiert informationstechnische Systeme und besucht Kunden

Schritte PLUS NEU   Materialien für berufsbildende Schulen
Lösungen

Lektion 10: Berufsbilder: Computer und Kommunikationstechnik
1. C – A – D – B – F – E
2. Lösungsbeispiele:
   überprüfe ... Lieferungen – baue ... Festplatte ein – zu einem Kunden (fahren) – Software installieren – (zu einem) Termin in einer Firma (gehen) – Kabel verlegen – PC-Arbeitsplätze mit dem Netzwerk verbinden – schließen die Computer an – kontrollieren, ob alles funktioniert – checke ... E-Mails – den Kunden ... anrufen – Aufgaben besprechen – planen ... die Installation eines neuen EDV-Systems – eine Homepage erstellt – sammeln ... Informationen – aktualisiere ... Dokumentation
3. a fährt ... hoch – checkt, b baut ... ein, c installiert, d verlegt – schließt ... an, e loggt ... ein – erstellt, f fährt ... herunter

Lektion 11: Automobilindustrie – Schlüsselindustrie
2. b ist ein Teil von der Industrie. – c gibt es mehrere Firmen. ... – d liefert den Autoherstellern einzelne Bauteile und Fertigteile. – e ist ein Produkt ... – f werden Produkte ... hergestellt.
3. 15 Millionen; b siebte; c Ingenieurbüros, Autohändler, Werkstätten, Tankstellen; d Konkurrenz aus „billigeren" Ländern, e Russland, China, Indien
4. a 1: 3,5 Jahre; 2: Ein handwerklicher Typ.; 3: Er stellt Modelle für Maschinen und Motorenteile her.

Lektion 11: Verkehrs- und Logistikberufe
1. a Hamburg, b Flughafen Frankfurt/Main, c ca. 2 Millionen, d ca. 12 000 Kilometer, e ca. 48 000 Fahrzeuge, f ca. 35 000 Kilometer
2. *Fachkraft für Hafenlogistik*: mittlere Reife – 3 Jahre – beladen, entladen, lagern, Waren / Papiere / Sauberkeit kontrollieren, Warentransport organisieren
   Kaufmann/-frau für Spedition und Logistikdienstleistung: Abitur – 3 Jahre – Aufträge annehmen, Warentransport organisieren, mit Kunden kommunizieren
   Berufskraftfahrer/-in: Hauptschulabschluss – 3 Jahre – Lkw oder Bus fahren
   Kaufmann/-frau für Verkehrsservice: mittlere Reife – 3 Jahre – Auskunft geben (über Verkehrsverbindungen, Ankunfts- und Abfahrtszeiten), Fahrkarten verkaufen und kontrollieren, Türen prüfen
3. Lösungsvorschläge:
   a Schichtdienst, Wochenendarbeit – b Der Beruf ist stressig. (Man muss gute Englischkenntnisse haben.) – c Es gibt oft Staus auf Deutschlands Straßen, man muss viel sitzen und ist oft längere Zeit von der Familie getrennt. – d Kunden sind unfreundlich und beschweren sich.

Lektion 12: Geografie – Eine Landkarte verstehen
1. Man findet die folgenden Informationen:
   Hamburg hat mehr als eine Million Einwohner. – Nürnberg hat weniger Einwohner als München. – Die Oder ist die Grenze zwischen Deutschland und Polen. – Berlin ist von München ungefähr 600 Kilometer entfernt. – Berlin ist die Hauptstadt von Deutschland. – Der Schwarzwald ist ein Gebirge.
2. im Uhrzeigersinn von oben rechts: nordöstlich von, östlich von, südöstlich von, im Süden von, im Südwesten von, westlich von, nordwestlich von, im Norden von
3. richtig: c, e, f; alle anderen: falsch

Lektion 12: Klimakarten
1. kälteste Monate: Dezember bis Februar; höchste Temperatur: 23 Grad; tiefste Temperatur: -5 Grad; Monate mit wenig Sonnenstunden: November bis Februar; Monate mit viel Sonnenstunden: Juni bis August ; Monate mit wenig Regentagen: März und Oktober; Monate mit viel Regentagen: Januar, Juni, Juli
4. a F: unter -10°C; E: -10°C bis 0°C; D: 0°C bis 12°C; C: 12°C bis 24°C; A: über 24°C
   b 1: b-d; 2: a-d; 3: c-e; 4: d, e; 5: a-e; 6: c-e

Lektion 13: Geld und Konsum
1. a Ich bezahle nicht den ganzen Preis ... – b Diesen Betrag muss ich jeden Monat bezahlen. – c / f Eine Bank ... leiht mir Geld. – d Damit ist das Produkt ... günstiger. – e Ich bezahle zuerst nur einen Teil vom Preis.
2. a 1 C, 2 A, 3 D, 4 B
   b richtig:
   A: Ich bezahle ... in einem halben Jahr. – B Ich zahle weniger, wenn ... – C Die Spielkonsole ist ... günstiger als sonst. – D Wenn ich zwei Geräte ... kaufe, ...
3. b 320 €, damit kann er die Spielkonsole und die Heimkinoanlage kaufen, wenn er in Raten bezahlt. Dann hat er noch 200 Euro übrig. Vielleicht reicht das noch für das Sofa.
4. c Anzahlung: 16,50; Schlussrate: 73,98; Summe: 180,98. Aber Tom kann das Geld nur für die Schlussrate jeden Monat sparen, die Anzahlung muss er sofort bezahlen.
   d Versicherung: 50; Kfz-Steuer: 5; Wartung und Reparaturen: 25; Summe: 180 Euro.
   Aber Tom muss die Versicherung und die Kfz-Steuer sofort bezahlen und gleichzeitig jeden Monat 55 € bezahlen, damit er diese beiden Posten im kommenden Jahr bezahlen kann. Insgesamt belaufen sich die Kosten für das Auto auf 360,98 Euro pro Monat. Tom hat aber nur 320 € pro Monat.
5. Anzeige B, denn mit neuen Krediten gerät man immer stärker in die Schuldenfalle: Man bezahlt doppelt Zinsen.

Lösungen

Lektion 13: Finanzielle Hilfen für die Ausbildung
1 a Man macht eine Ausbildung in einer Firma … –
b Man besucht eine Berufsfachschule … –
c Jugendliche … können sich damit auf eine Ausbildung vorbereiten …
2 Lösungsvorschläge:
a ich nicht mehr zu Hause wohne. – b ich eine schulische Ausbildung mache. – c ich in der Ausbildung eine eigene Wohnung habe und kein BAföG und keine Berufsausbildungsbeihilfe erhalte. –
d Stadt oder Gemeinde.
3 *folgende Felder kann man ausfüllen:*
Bewilligungsraum vom 01.09.20.. bis 30.06.20..; also in 12 Kalendermonaten; voraussichtliche Einnahmen … 350; Höhe des Barvermögens 500

Lektion 13: Versicherungen für Berufsanfänger
1 b private Unfallversicherung, c Berufsunfähigkeitsversicherung, d private Rentenversicherung, e Krankenversicherung, f Rentenversicherung, g Hausratversicherung
3 b Haftpflichtversicherung, Hausratversicherung, Berufsunfähigkeitsversicherung
c In der Ausbildung ist man bei der Haftpflichtversicherung der Eltern mitversichert. – Wenn Sie zu Hause bei Ihren Eltern wohnen, brauchen Sie keine Hausratversicherung – Kontrollieren Sie regelmäßig, ob Ihre Versicherungen noch passen.

Lektion 13: Rechnen 5: Bruchrechnen
1 a 1 Foto rechts, 2 Grafik links, 3 Foto links, 4 Grafik links, 5 Foto rechts
b 2: $\frac{3}{4}$, 3/4 (3:4) – 3: $\frac{1}{2}$, 1/2 (1:2) – $\frac{2}{3}$, 2/3 (2:3) – 4: $\frac{1}{5}$, 1/5 (1:5)
2 b eine halbe Stunde, c eineinhalb Liter, d zweieinhalb Kilo
3 a 2: 13, 3: Nenner, 4: Zähler
b a: $\frac{1}{2}$; b: $\frac{1}{4}$; c: $4\frac{1}{2}$; d: $2\frac{2}{5}$
c a: $\frac{3}{4}$; b: $\frac{1}{4}$
d a: $\frac{3}{8}$; b: $\frac{16}{15}$

Lektion 14: Jung hilft Alt
2 von oben nach unten:
Ein generationenübergreifendes Projekt – Zufriedene Kursteilnehmer – Word und Internet – Ehrenamtliches Engagement von Schülern
3 richtig: a, b, c, f, g; alle anderen: falsch
4 a Die Senioren haben gern Schüler als Lehrer, weil diese gut erklären können.
b Dieser Computerkurs ist etwas Besonderes, denn er wird von Schülern organisiert.
c Viele Teilnehmer waren am Anfang nicht sicher, ob Schüler gut unterrichten können.
d Die Schüler arbeiten gern mit älteren Menschen, deshalb unterrichten sie in einem Computerkurs für Senioren.
e Die älteren Menschen finden es gut, dass junge Leute ihnen Unterricht geben.
f Es gibt kein festes Kursprogramm, aber die Schüler konzentrieren sich auf Word und Internet.